사랑하는 레아에게

For Lea

취미의
발견

3

미에라 공방의
처음 아기 손뜨개

미에라 공방의 처음 아기 손뜨개
: 사랑스러운 아기를 위한 옷과 소품, 인형 만들기

초판발행 2018년 12월 10일

지은이 김인영 / **펴낸이** 김태헌
총괄 임규근 / **책임편집** 권형숙 / **기획 · 편집** 김지수 / **교정교열** 박성숙
디자인 조성미 / **사진** 가호스튜디오 / **일러스트** 이혜연 / **도안 일러스트** 장영숙
아기모델 코르테스 레아, 강지후, 남규민, 박지환 / **의상협찬** GURM BY H(www.gurmbyh.com)
영업 문윤식, 조유미 / **마케팅** 박상용, 조승모, 박수미 / **제작** 박성우, 김정우

펴낸곳 한빛라이프 / **주소** 서울시 서대문구 연희로2길 62
전화 02-336-7129 / **팩스** 02-325-6300
등록 2013년 11월 14일 제25100-2017-000059호 / **ISBN** 979-11-88007-21-9 14630 / 979-11-88007-02-8(세트)

이 책에 대한 의견이나 오탈자 및 잘못된 내용에 대한 수정 정보는 한빛미디어(주)의 홈페이지나 아래 이메일로 알려주십시오.
잘못된 책은 구입하신 서점에서 교환해 드립니다. 책값은 뒤표지에 표시되어 있습니다.
한빛미디어 홈페이지 www.hanbit.co.kr / 이메일 ask_life@hanbit.co.kr
한빛라이프 페이스북 @hanbit.pub / 인스타그램 @hanbit.pub

Published by HANBIT Media, Inc. Printed in Korea
Copyright © 2018 김인영 & HANBIT Media, Inc.
이 책의 저작권은 김인영과 한빛미디어(주)에 있습니다.
저작권법에 의해 보호를 받는 저작물이므로 무단 복제 및 무단 전재를 금합니다.

지금 하지 않으면 할 수 없는 일이 있습니다.
책으로 펴내고 싶은 아이디어나 원고를 메일(writer@hanbit.co.kr)로 보내주세요.
한빛미디어(주)는 여러분의 소중한 경험과 지식을 기다리고 있습니다.

미에라 공방의
처음 아기 손뜨개
· KNITTING FOR BABY ·

사랑스러운 아기를 위한 옷과 소품, 인형 만들기

김인영 지음

한빛라이프

Prologue

뜨개질의 즐거움

포실포실해 좋은 실 한 타래를 들고 이걸 뜰까 저걸 뜰까 고민해봅니다. 많은 색의 실이 필요하지도 않습니다. 그저 감촉 좋은 단정한 실 한두 타래면 됩니다. 좋은 음악이나 라디오를 틀어놓으면 더 좋죠. 한참 뜨다 보면 마음에 들 때도 있고 가끔은 영 맘에 차지 않아 다 풀어버려야 할 때도 있습니다. 이때 아쉬운 마음이 조금 들지만 그것도 나름 괜찮다 싶어요. 실을 톨톨톨 풀어내어 가지런히 감다 보면 마음이 다시 단정해지는 느낌이 들기 때문입니다. 이렇게 저렇게 한 코를 뜨기도 하고 풀어내기도 하며 앉아서 바늘과 시간을 보내다 보면 어느새 완성됩니다. 그렇게 만든 완성품은 노력과 애정이라는 콩깍지가 씌어 대부분 아주 마음에 들더라고요. 정성을 담아서 직접 뜨개질한 옷과 소품들은 시간이 지나면서 단순히 낡는 것이 아니라 애정이 더해져 점점 더 소중해집니다. 가끔씩 보풀만 쓱싹 정리해주면 언제나 따뜻하게 지닐 수 있는 하나뿐인 핸드메이드이니까요.

아이에게 선물할 뜨개질 옷과 소품은 더 큰 행복을 줍니다. 이 책 작업을 하면서 딸아이의 아기 시절 소품들을 많이 만들었습니다. 아이는 커가지만 그 순간 함께했던 소중한 니트 소품들은 많은 기억을 저장하고 있네요.

이 책을 보는 모든 분이 행복하게 뜨개질을 즐겼으면 좋겠습니다.

심인영

Contents

Prologue •005

Bonnet & Hairband

레이스 보닛 Lace Bonnet •013

곰돌이 보닛 Bear Bonnet •015

토끼 보닛 Rabbit Bonnet •019

멍멍이 보닛과 손싸개 Doggy Bonnet & Gloves •021

개구리 머리띠와 덧신 Frog Hairband & Socks •023

곰돌이 머리띠와 덧신 Bear Hairband & Socks •025

꽃 머리띠 Flower Hairband •027

Hat & Accessory

보들보들 모자 Soft Hat •032

벨 모자 Bell Hat •033

배색 양말과 레이스 양말 Baby Socks •034

케이프 Cape •035

턱받이 Baby Bib •036

아기 손목시계 Baby Watch •037

Soft Toy

아기 놀잇감 Rattle & Teether •043

노리개 클립 Pacifier Accessories •044

흑백 모빌 Black & White Mobile •045

컬러 모빌 Colorful Mobile •046

도토리 인형 Acorn Family •048

곰 인형 Teddy Bear •049

Clothes & Blanket

노란 레이스 담요 Yellow Lace Blanket •054

물결 담요 Wave Pattern Blanket •055

조끼 Bolita Vest •057

베이비 롬퍼와 폼폼 목도리 Rompers & Muffler •059

레이스 원피스 Lace Dress •061

Part 1 손뜨개의 기초

1 재료와 도구 ·066

2 대바늘, 코바늘 기초 뜨개 기법

대바늘

손가락으로 코 만들기 ·068   원형뜨기 ·069   겉뜨기 ·069

안뜨기 ·069   걸기코 ·070   오른코 겹치기 ·070   왼코 겹치기 ·071

오른코 중심 3코 모아뜨기 ·071   걸러뜨기 ·072   코막음 ·072

돌려뜨기로 코 늘리기 ·072   돌려뜨기(꼬아뜨기) ·073   돌려 안뜨기 ·073

1코에 2코 떠 넣어 코 늘리기 ·073   메리야스뜨기 연결 ·074

조여서 코 마무리 ·074   아이코드 ·074

코바늘

사슬뜨기 ·075   짧은뜨기 ·075   코늘림 ·076   코줄임 ·076

짧은 이랑뜨기 ·076   되돌아 짧은뜨기 ·077   중간 긴뜨기 ·077

한길 긴뜨기 ·078   3코 구슬뜨기 ·078   링뜨기 ·079   빼뜨기 ·079

피코뜨기 ·080   원형으로 짧은뜨기 ·080

Part 2
만드는 방법과 도안

Bonnet & Hairband

레이스 보닛
· 084 ·

곰돌이 보닛
· 086 ·

토끼 보닛
· 088 ·

멍멍이 보닛과 손싸개
· 090 ·

개구리 머리띠와 덧신
· 094 ·

곰돌이 머리띠와 덧신
· 097 ·

꽃 머리띠
· 100 ·

Hat & Accessory

보들보들 모자
· 101 ·

벨 모자
· 102 ·

배색 양말과 레이스 양말
· 103 ·

케이프
· 106 ·

턱받이
· 107 ·

아기 손목시계
· 108 ·

Soft Toy

아기 놀잇감
• 110 •

노리개 클립
• 115 •

흑백 모빌
• 116 •

컬러 모빌
• 118 •

도토리 인형
• 122 •

곰 인형
• 126 •

Clothes & Blanket

노란 레이스 담요
• 130 •

물결 담요
• 132 •

조끼
• 136 •

베이비 롬퍼와 폼폼 목도리
• 140 •

레이스 원피스
• 143 •

Bonnet & Hairband

Lace Bonnet

레이스 보닛

• 만드는 법 84쪽 •

Bear Bonnet

곰돌이 보닛

• 만드는 법 86쪽 •

Lea's Daily Life

레이스 보닛

레아를 위해 처음 만든 손뜨개 보닛.
옆에 눕혀놓고 뜨개질을 하고 있으면
손에 잡히는 건 뭐든 입으로 가져가던 아기.

곰돌이 보닛

나의 사랑스런 곰돌이.

귀 달린 보닛이나 모자는 아기들의 특권이다.
금세 쑥쑥 커버리니까 아기일 때
　　최대한 많이 만들어서 씌워주었다.

Rabbit Bonnet

토끼 보닛

• 만드는 법 88쪽 •

Doggy Bonnet & Gloves

멍멍이 보닛과 손싸개

· 만드는 법 90쪽 ·

Frog Hairband & Socks

개구리 머리띠와 덧신

· 만드는 법 94쪽 ·

Bear Hairband & Socks
곰돌이 머리띠와 덧신

• 만드는 법 97쪽 •

꽃 머리띠

• 만드는 법 100쪽 •

Lea's Daily Life

개구리 레아와
곰돌이 네이즈.

꽃 머리띠

예쁜 머리띠도 했는데,
아들이냐고 묻지 말아주세요.

무얼 가지고 놀까나.

멍멍이 보닛

멍멍이 손싸개

Hat & Accessory

Soft Hat

보들보들 모자

• 만드는 법 101쪽 •

Bell Hat

벨 모자

• 만드는 법 102쪽 •

Baby Socks

배색 양말과 레이스 양말

• 만드는 법 103쪽 •

Cape

케이프

• 만드는 법 106쪽 •

Baby Bib

턱받이
• 만드는 법 107쪽 •

Baby Watch

아기 손목시계

• 만드는 법 108쪽 •

Lea's Daily Life

벨 모자

챙이 있어
특히 봄가을에 씌워주기 좋은 벨 모자.

단색으로 떠도 좋고,
두세 가지 색을 섞어서 떠도
예쁘다.

케이프는 기본 상의에
　포인트로 둘러주면 예쁘다.

소금 더 굵은 실로 뜨면
사이즈를 키울 수 있고,
앞뒤로 모두 착용 가능!

케이프

Soft Toy

Rattle & Teether

아기 놀잇감
펭귄 딸랑이, 튤립 딸랑이, 도토리 치발기

• 만드는 법 110쪽 •

Pacifier Accessories

노리개 클립

• 만드는 법 115쪽 •

Black & White Mobile

흑백 모빌

• 만드는 법 116쪽 •

Colorful Mobile

컬러 모빌

· 만드는 법 118쪽 ·

Acorn Family

도토리 인형

• 만드는 법 122쪽 •

Teddy Bear

곰 인형

• 만드는 법 126쪽 •

Lea's Daily Life

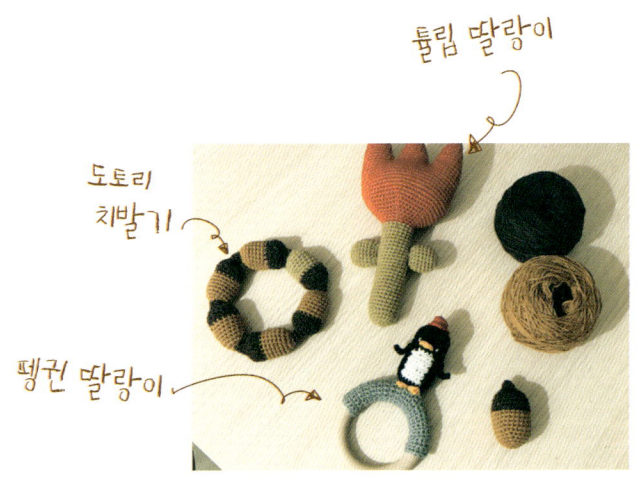

튤립 딸랑이

도토리 치발기

펭귄 딸랑이

폭신폭신 따스한 장난감.
튤립은 원하는 색으로 다양하게 뜰 수 있다.
레아가 물고 뜯으며 한참을 좋아한 3종 세트.

곰 인형

인형 만들기는
옷 만드는 것과는 또 다른 재미가 있다.
레아와 같은 옷을 입혀주면
귀여움이 두 배.

clothes & Blanket

Yellow Lace Blanket

노란 레이스 담요

· 만드는 법 130쪽 ·

Wave Pattern Blanket

물결 담요

• 만드는 법 132쪽 •

Bolita Vest

조끼

• 만드는 법 136쪽 •

Rompers & Muffler

베이비 롬퍼와 폼폼 목도리
• 만드는 법 140쪽 •

Lace Dress

레이스 원피스

• 만드는 법 143쪽 •

Lea's Daily Life

— 조끼 —

몽글몽글 귀여운 디자인으로 만들어본 조끼.

내복 위에 입혀도 귀엽고,
어떤 복장이든 위에 가볍게 입히기 편하다.
인형 옷 사이즈로 만들어 곰 인형에게도 입혔는데,
성인 사이즈로 만들어
엄마와 아기가 커플로 입어도 좋겠다.

레이스
원피스

레이스 원피스는
레이스 보닛과 세트로 만들어본 디자인.

사진은 앉아 있을 때 찍었는데,
아장아장 걸을 때쯤 입히면 더 예쁠 것 같다.

Part 1

손뜨개의 기초

Basic 1

재료와 도구

❶ 털실
뜨개질의 기본 재료는 역시 털실이다. 실은 소재와 굵기가 다양한데 아이 옷이나 장난감을 만들 때는 따뜻하면서도 먼지가 덜 나는 고급 울 실을 사용하는 것이 좋다. 입에 물고 빠는 장난감은 보드라운 면 실 사용을 추천한다.
이 책에서는 작품마다 사용한 실을 표기해두었다. 같은 실이 아니더라도 해당 실의 그램당 미터 수가 가장 유사한 실을 찾아 사용하면 비슷하게 완성할 수 있다. 또는 작품에서 사용한 바늘 사이즈를 참고해 그에 해당하는 굵기의 실을 찾아 작업하면 된다.

❷ 가위
작고 가벼운 수예용 가위를 사용하면 편리하다.

❸ 게이지 자
편물 게이지를 잴 때 사용한다. 바늘 사이즈 호환표도 표기되어 있다.

❹ 마무리 핀
완성된 작품을 스팀다리미로 정돈하기 위해 편물을 다림질 판에 고정할 때 사용한다.

❺ 돗바늘
남은 실을 정리할 때나 편물을 연결할 때, 수를 놓을 때 사용한다.

❻ 단코 표시 핀
단이나 코에 표시하기 위해 사용한다.

❼ 코막음 핀
코를 잠시 막아둬야 할 때 사용한다.

❽ 대바늘(양면 바늘)
장갑 바늘이라고도 하며, 원형으로 뜰 때 사용한다.

❾ 대바늘(막힘 바늘)
왕복으로 뜰 때 일반적으로 사용한다.

❿ 코바늘
코바늘은 금속, 대나무, 플라스틱 등 소재가 다양한데, 대체로 금속 제품을 사용한다. 손에 잡기 편한 것으로 고르면 된다.

게이지
게이지는 보통 10×10cm 안에 들어가는 콧수와 단수를 말한다. 무늬가 있는 경우 한 무늬의 크기를 게이지로 보기도 한다. 게이지는 실의 굵기와 바늘 사이즈, 작업하는 사람의 손에 따라서도 달라진다. 이 책에서는 사이즈가 중요한 작품의 경우 참고할 게이지를 수록했다. 같은 크기를 정확하게 작업하고 싶다면 스와치(swatch, 견본)를 떠서 꼭 게이지를 확인해야 한다.
↳ 작업한 스와치의 10×10cm 안에 있는 콧수와 단수가 게이지보다 많다면 바늘을 한 사이즈 큰 것으로 바꿔 작업하고, 게이지보다 적다면 바늘을 한 사이즈 작은 것으로 바꿔 작업한다.
무늬뜨기로 이루어진 작품은 한 무늬의 크기를 표기하기도 한다. 이 경우 무늬를 여러 개 뜬 후 한 무늬의 크기를 재서 게이지를 비교한다.
↳ 작업한 스와치의 한 무늬 크기가 게이지보다 크다면 바늘을 한 사이즈 작은 것으로 바꿔 작업하고, 게이지보다 작다면 바늘을 한 사이즈 큰 것으로 바꿔 작업한다.

Basic 2

대바늘, 코바늘 기초 뜨개 기법

× 대바늘 ×

손가락으로 코 만들기

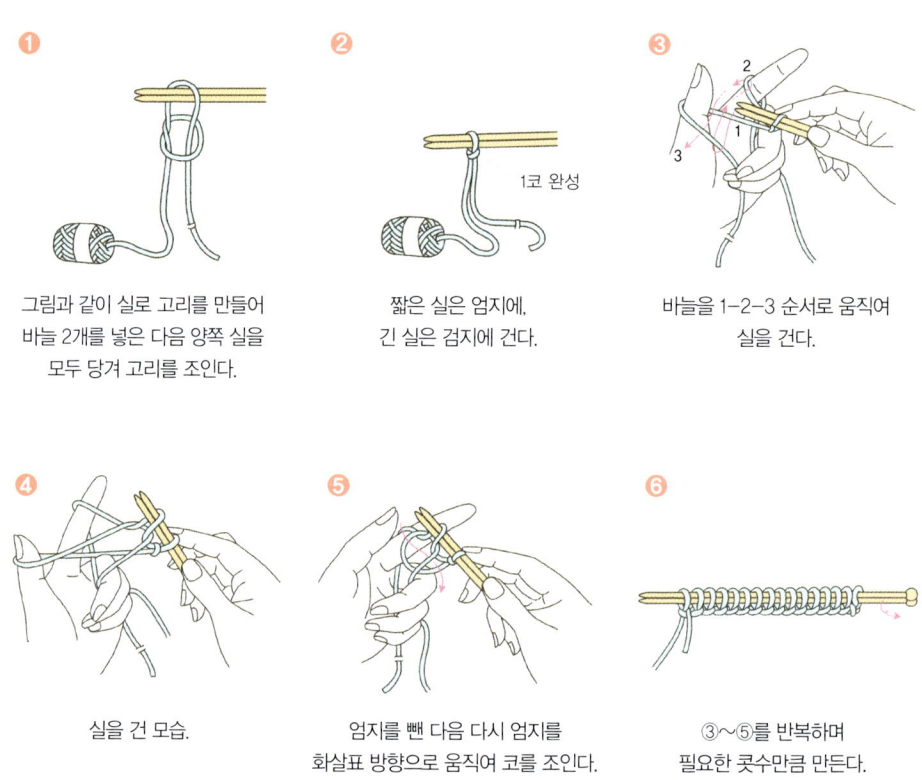

❶ 그림과 같이 실로 고리를 만들어 바늘 2개를 넣은 다음 양쪽 실을 모두 당겨 고리를 조인다.

❷ 짧은 실은 엄지에, 긴 실은 검지에 건다. (1코 완성)

❸ 바늘을 1-2-3 순서로 움직여 실을 건다.

❹ 실을 건 모습.

❺ 엄지를 뺀 다음 다시 엄지를 화살표 방향으로 움직여 코를 조인다.

❻ ③~⑤를 반복하며 필요한 콧수만큼 만든다. 다 만들고 나면 바늘 1개를 뺀다.

원형뜨기 (바늘 4개를 사용하는 경우)

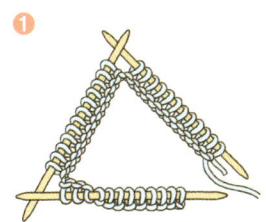

① 코를 바늘 3개에 똑같이 나눠 옮긴 뒤 바늘을 삼각형으로 놓는다. 코가 꼬이거나 돌아가지 않도록 조심한다.

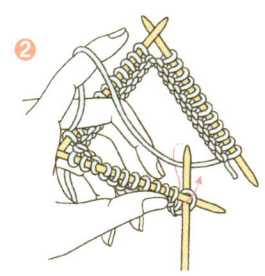

② 남은 바늘 하나를 첫 코에 넣어 실을 걸고 겉뜨기한다. 바늘 사이 간격이 너무 벌어지지 않도록 주의하면서 바늘을 바꿔가며 한 바퀴를 뜬다. 2단이 완성된다.

│ 겉뜨기

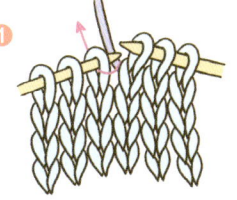

① 실을 뒤쪽에 두고, 왼쪽 코의 앞에서 뒤로 오른쪽 바늘을 넣는다.

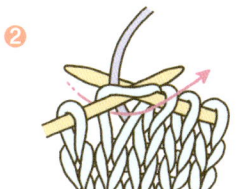

② 오른쪽 바늘에 실을 걸고 화살표 방향으로 바늘을 통과시키며 앞으로 뺀다.

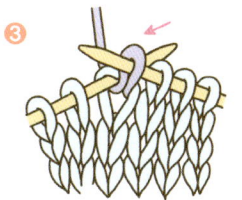

③ 왼쪽 바늘에서 방금 작업한 코를 벗겨낸다.

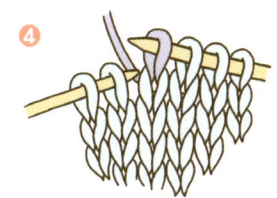

④ 겉뜨기를 완성한 모습.

― 안뜨기

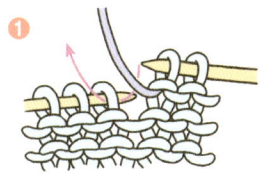

① 실을 앞쪽에 두고, 왼쪽 코의 위에서 앞으로 오른쪽 바늘을 넣는다.

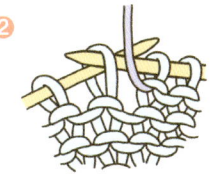

② 바늘을 넣은 모습.

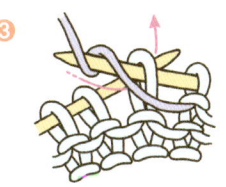

③ 그림과 같이 실을 걸고, 바늘을 뒤쪽으로 뺀다.

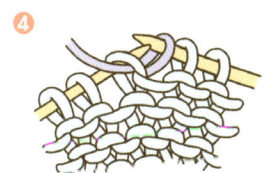

④ 왼쪽 바늘에서 방금 작업한 코를 벗겨낸다.

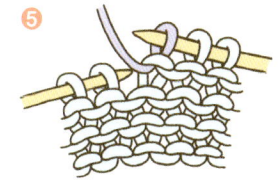

⑤ 안뜨기를 완성한 모습.

◯ 걸기코(바늘 비우기)

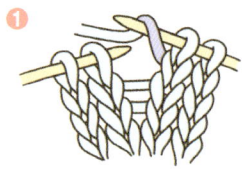

❶ 오른쪽 바늘의 앞에서 뒤로 실을 건다.

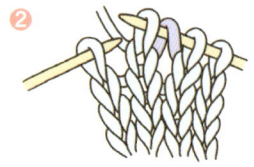

❷ 다음 코를 작업하면 걸기코가 만들어진다. 다음 단에서 걸기코를 기호대로 뜬다.

오른코 겹치기

 오른코 겹쳐 2코 모아뜨기

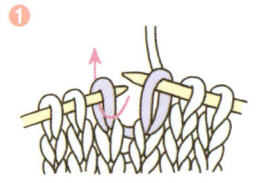

❶ 첫 코를 뜨지 않고 그림과 같이 오른쪽 바늘로 옮긴 다음, 다음 코를 겉뜨기한다.

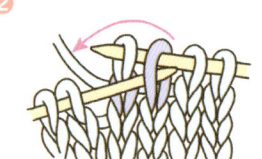

❷ 뜨지 않고 옮긴 코를 겉뜨기한 코에 덮어씌운다.

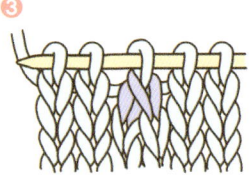

❸ 오른코 겹쳐 2코 모아뜨기를 완성한 모습.

오른코 겹쳐 2코 모아 안뜨기

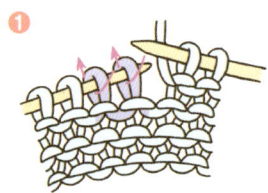

❶ 2코를 뜨지 않고 화살표 방향으로 하나하나 오른쪽 바늘로 옮긴다.

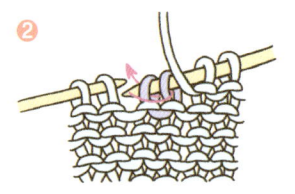

❷ 옮긴 2코의 오른쪽에서부터 바늘을 통과시켜 2코 모두 왼쪽 바늘로 옮긴다.

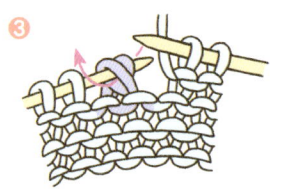

❸ 화살표와 같이 2코 안쪽으로 바늘을 넣고 한 번에 안뜨기한다.

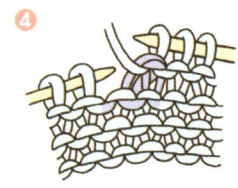

❹ 오른코 겹쳐 2코 모아 안뜨기를 완성한 모습.

왼코 겹치기

 왼코 겹쳐 2코 모아뜨기

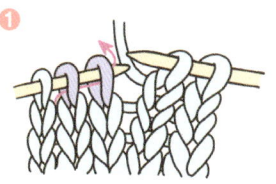
오른쪽 바늘로 2코를
왼쪽부터 넣는다.

2코를 한 번에 겉뜨기한다.

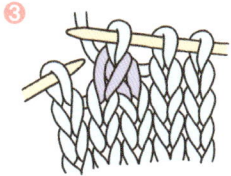
왼쪽 겹쳐 2코 모아뜨기를
완성한 모습.

 왼코 겹쳐 2코 모아 안뜨기

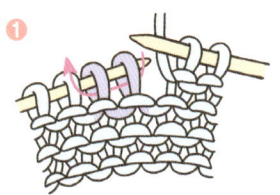
오른쪽 바늘로 2코를
오른쪽부터 넣는다.

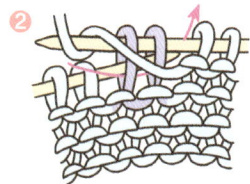
2코를 한 번에 안뜨기한다.

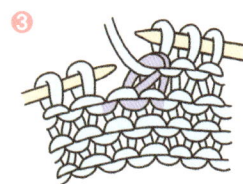
왼코 겹쳐 2코 모아 안뜨기를
완성한 모습.

오른코 중심 3코 모아뜨기(오른코 겹쳐 3코 모아뜨기)

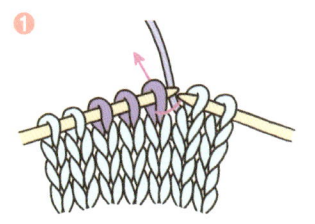
한 코를 뜨지 않고
오른쪽 바늘로 옮긴다.

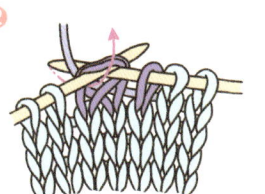
다음 2코를 한 번에
겉뜨기한다.

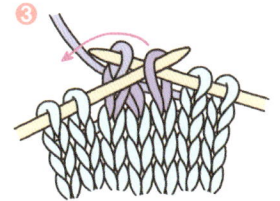
①에서 옮겨둔 코를
겉뜨기한 코에 덮어씌운다.

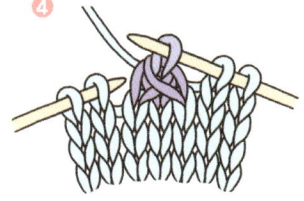
오른코 중심 3코 모아뜨기를
완성한 모습.

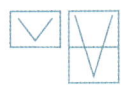 ## 걸러뜨기

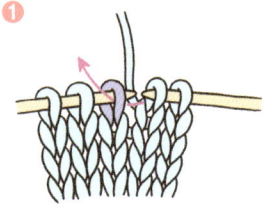
❶ 실을 뒤쪽에 두고,
한 코를 뜨지 않고 화살표 방향으로
오른쪽 바늘로 옮긴다.

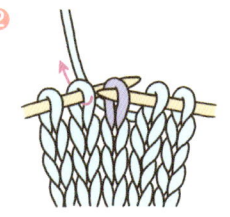
❷ 다음 코를 작업한다.

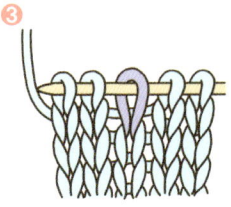
❸ 걸러뜨기를 완성한 모습.
걸러뜨기 코 뒤쪽에
싱커 루프가 지난다.

 ## 코막음

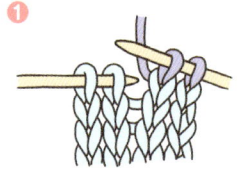
❶ 2코를 뜬다.

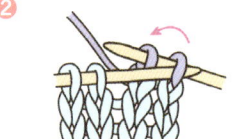
❷ 오른쪽 코를
왼쪽 코에 덮어씌운다.

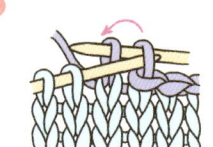
❸ 다음 코를 뜨고
②와 같이 덮어씌운다.

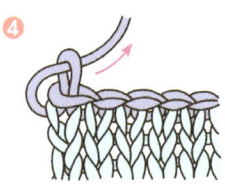
❹ 덮어씌우기를 반복하고,
마지막 코는 실을 통과시키고
잘라 마무리한다.

돌려뜨기로 코 늘리기

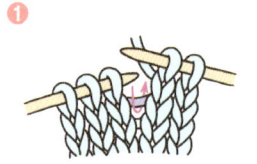
❶ 싱커 루프에 왼쪽 바늘을
화살표 방향으로 넣는다.

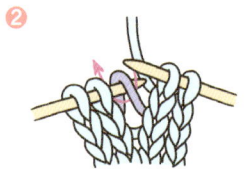
❷ 오른쪽 바늘을 화살표 방향으로
넣고 실을 걸어 뺀다.

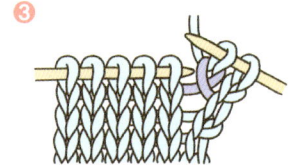
❸ 코 늘리기를
완성한 모습.

돌려뜨기(꼬아뜨기)

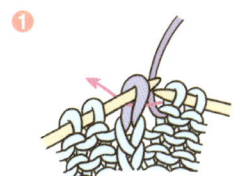 ❶ 오른쪽 바늘을 화살표 방향대로 넣는다.

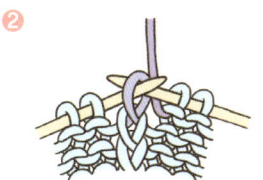 ❷ 실이 한 번 꼬인 모양이 된다.

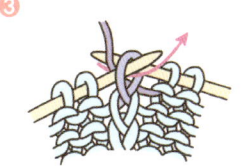 ❸ 오른쪽 바늘에 실을 걸어 앞으로 뺀다.

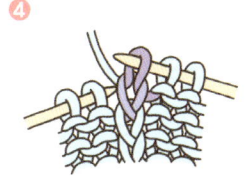 ❹ 돌려뜨기를 완성한 모습.

돌려 안뜨기

 ❶ 실은 앞쪽으로 두고 오른쪽 바늘을 화살표 방향으로 넣는다.

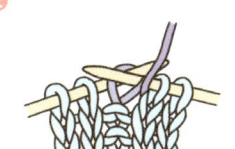 ❷ 바늘을 넣은 모습.

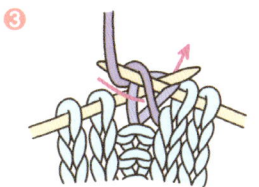 ❸ 그림과 같이 실을 걸어 뒤쪽으로 빼낸다.

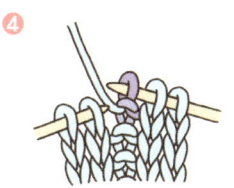 ❹ 돌려 안뜨기를 완성한 모습.

1코에 2코 떠 넣어 코늘리기

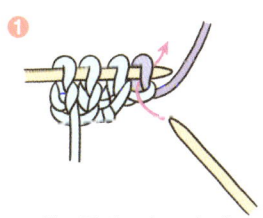 ❶ 첫 코를 겉뜨기로 뜨는데, 왼쪽 바늘의 코는 벗겨내지 않는다.

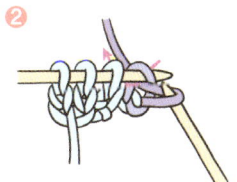 ❷ 다시 돌려뜨기를 하듯이 바늘을 화살표 방향대로 넣는다.

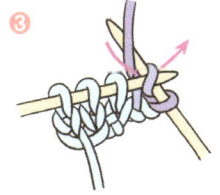 ❸ 실을 걸어 빼낸다.

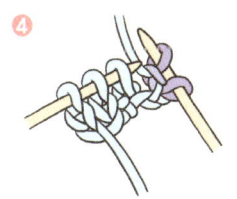 ❹ 1코에 2코를 떠 넣은 모습.

메리야스뜨기 연결

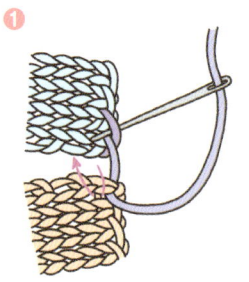
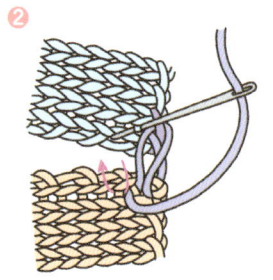
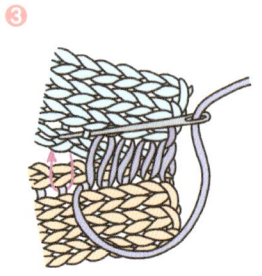

❶ 돗바늘에 실을 끼운 후 양쪽 기초 코에 실을 통과시킨다.

❷ 가장자리 한 코 안쪽의 싱커 루프를 한 단씩 교대로 통과시키고 실을 당긴다.

❸ ②를 반복하며 연결해나간다. 꿰매는 실을 보이지 않을 정도로 당긴다.

조여서 코 마무리

돗바늘에 실을 끼운 후 남은 모든 코에 실을 꿰어 한 번에 조인다. 코의 방향이 일정하도록 주의한다.

아이코드(끈 뜨는 법, 4코일 때)

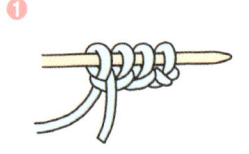
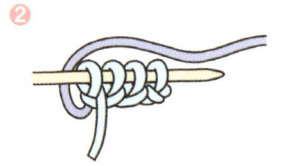
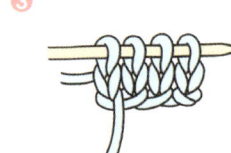

❶ 손가락에 걸어 만드는 기초 코(68쪽)로 코를 잡는다.

❷ ①의 기초 코를 바늘 오른쪽으로 밀어 옮긴 후 뜨개실을 오른쪽 손에 쥐고 첫 번째 코부터 뜬다.

❸ 한 단을 뜬 상태에서 편물을 뒤집지 않고 다시 바늘 오른쪽으로 옮겨 다음 단을 뜬다. ②와 ③을 되풀이하면 통 모양이 된다.

× 코바늘 ×

○ 사슬뜨기

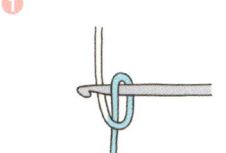

❶ 그림과 같이 바늘에 실을 건다.

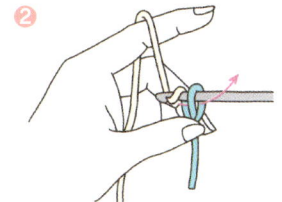

❷ 바늘에 실을 한 번 더 걸고 화살표 방향으로 뺀다.

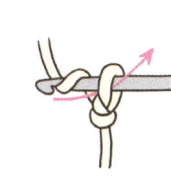

❸ 바늘에 실을 걸어 바늘대에 걸려 있는 실 사이로 끌어낸다. 첫 번째 코가 된다.

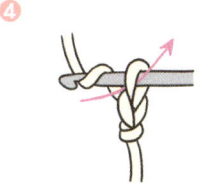

❹ 다시 바늘에 실을 걸어 바늘대에 걸려 있는 실 사이로 끌어낸다.

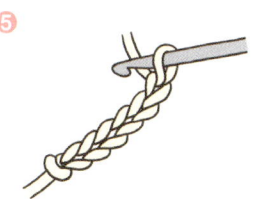

❺ 반복해서 필요한 개수만큼 사슬코를 만든다.

+ 짧은뜨기

❶ 코에 화살표 위치로 바늘을 넣는다.

❷ 바늘에 실을 걸어 화살표 방향으로 통과시킨다.

❸ 다시 바늘에 실을 걸어 화살표 방향으로 통과시킨다.

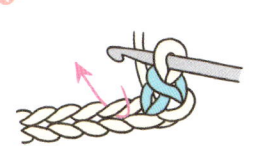

❹ 다음 코에 바늘을 넣어 반복한다.

⤓ 코늘림

 ❶ 코늘림을 할 코에 짧은뜨기를 한 번 하고, 같은 코에 다시 바늘을 넣고 실을 걸어 뺀다.

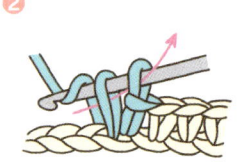 ❷ 다시 바늘에 실을 걸어 화살표 방향으로 통과시킨다.

 ❸ 코늘림을 완성한 모습. 한 코에 짧은뜨기를 두 번 한 것.

⤒ 코줄임

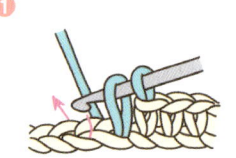 ❶ 2코에 순서대로 바늘을 넣고 실을 걸어 뺀다.

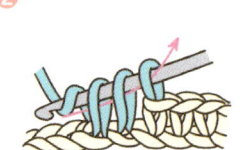 ❷ 다시 바늘에 실을 걸어 화살표 방향으로 통과시킨다.

 ❸ 코줄임을 완성한 모습.

╳ 짧은 이랑뜨기

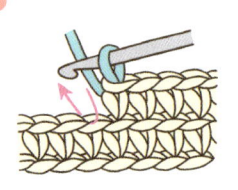 ❶ 뒤의 반 코에 바늘을 넣고 실을 걸어 뺀다.

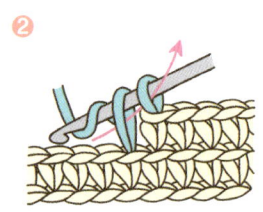 ❷ 다시 바늘에 실을 걸고 화살표 방향으로 빼낸다.

되돌아 짧은뜨기

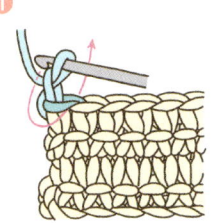

① 화살표 방향으로 바늘을 돌려 첫 코에 바늘을 넣는다.

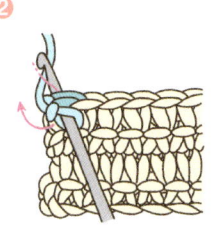

② 그림과 같이 바늘에 실을 걸어 앞쪽으로 뺀다.

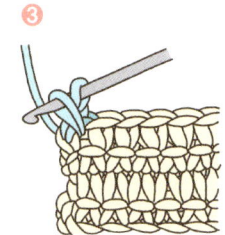

③ 실을 빼낸 모습.

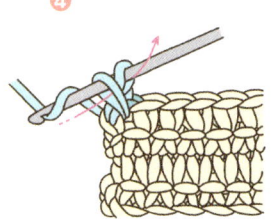

④ 다시 바늘에 실을 걸어 바늘에 걸린 고리 사이로 통과시킨다.

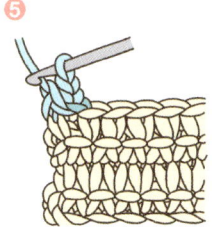

⑤ 되돌아 짧은뜨기를 한 코 완성한 모습.

중간 긴뜨기

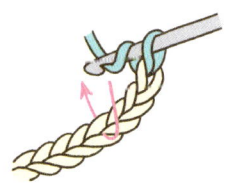

① 그림과 같이 바늘에 실을 건 다음 3코를 건너뛰고 4번째 코에 바늘을 넣는다.

② 바늘에 실을 걸어 화살표 방향으로 빼낸다.

③ 다시 바늘에 실을 걸고 화살표 방향으로 실을 통과시킨다.

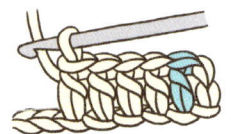

④ 다음 코에 바늘을 넣어 반복한다.

⊤ 한길 긴뜨기

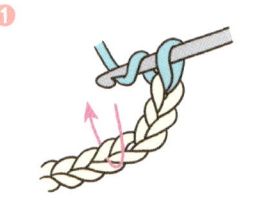

❶ 그림과 같이 바늘에 실을 건 다음 4코를 건너뛰고 5번째 코에 바늘을 넣는다.

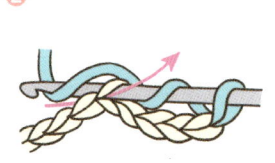

❷ 바늘에 실을 걸어 화살표 방향으로 실을 높이 빼낸다.

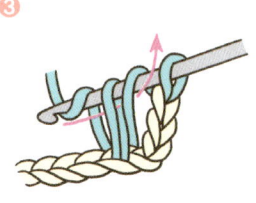

❸ 다시 바늘에 실을 걸어 두 가닥의 실 사이로 통과시킨다.

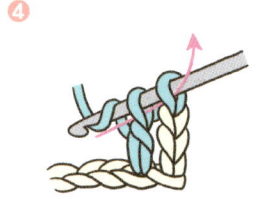

❹ 다시 바늘에 실을 걸고 남아 있는 두 고리 사이로 통과시킨다.

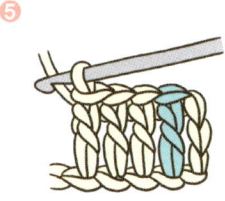

❺ 다음 코에 바늘을 넣어 반복한다.

◆ 3코 구슬뜨기

❶ 한길 긴뜨기를 미완성인 상태 (상단 한길 긴뜨기 ❶~❸)로 만든 다음, 다시 실을 걸어 같은 코에 두 번 더 반복해 미완성인 한길 긴뜨기 3코를 만든다.

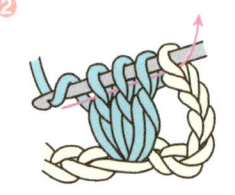

❷ 실을 걸어 바늘에 걸려 있는 네 가닥의 실 사이로 통과시킨다.

❸ 3코 구슬뜨기를 완성한 모습.

링뜨기

❶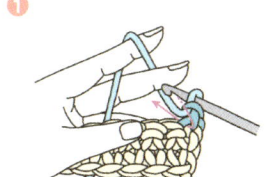
왼손 중지를 이용해 실을 뒤쪽으로 눌러두고, 첫 코에 바늘을 넣는다.

❷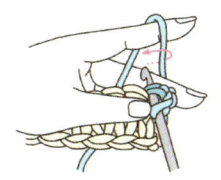
중지로 계속 실을 누른 채 화살표 방향으로 바늘에 실을 건다.

❸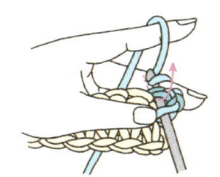
실을 빼낸다.

❹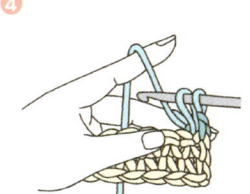
실을 빼낸 모습.

❺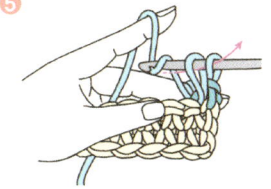
바늘에 실을 걸어 바늘에 걸린 두 고리 사이로 통과시킨다. 중지를 빼면 뒤쪽에 고리가 생긴다.

❻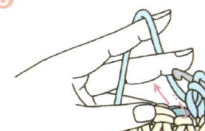
①~⑤ 과정을 반복한다.

❼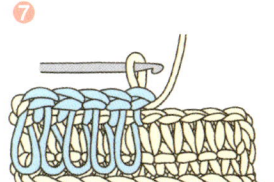
뒤쪽에 고리가 생긴 모습.

빼뜨기

❶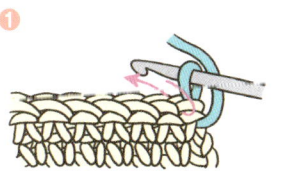
빼뜨기를 할 코에 바늘을 넣는다.

❷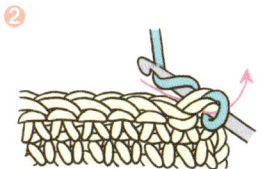
실을 걸어 화살표 방향으로 통과시킨다.

🧶 피코뜨기

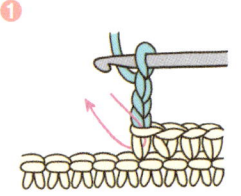

❶ 사슬코를 3코 만들고, 화살표 방향으로 바늘을 넣는다.

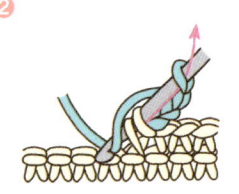

❷ 바늘에 실을 걸고 3개의 고리를 통과시키며 뺀다.

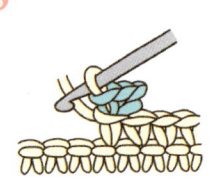

❸ 피코뜨기를 완성한 모습.

❄ 원형으로 짧은뜨기

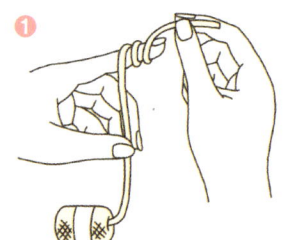

❶ 왼손에 실을 두 번 감는다.

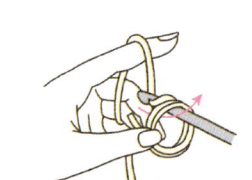

❷ 그림과 같이 실을 잡고 코바늘을 고리 안으로 넣어 실을 걸어 빼낸다.

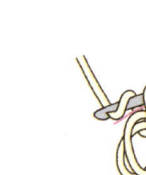

❸ 실을 다시 걸어 바늘에 걸려 있는 고리 사이로 빼낸다.

❹ 원형뜨기의 시작매듭이 완성된 상태로 도안에 따라 1단을 원형 고리에 작업한다.

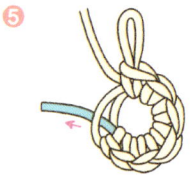

❺ (예시 그림은 짧은뜨기의 원형뜨기 1단이 완성된 상태) 실 끝을 당겨 두 고리 중 움직이는 실을 확인한다.

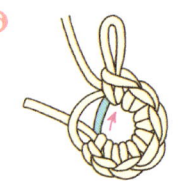

❻ 움직인 실을 화살표 방향으로 당겨 고리 하나를 조인다.

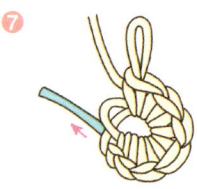

❼ 실 끝을 당겨 남아 있는 고리도 조여 원형을 만든다.

Part 2

만드는 방법과 도안

Lace Bonnet
레이스 보닛

완성 크기
15×18cm

추천 월령
3~12개월

사용한 실
랑 메리노 LANG MERINO+
은회색(223번)
또는 퀸스 앤 코 라크 Quince & co. Lark
회색(153번) 50g

사용한 바늘
장갑 바늘 4mm, 돗바늘

How to make

머리 부분 만들기

1단	손가락에 걸어 만드는 기초 코 79개를 만든다. 도안에서는 이 코가 1단이 된다.(겉면)
2~40단	첫 코는 모두 걸러뜨기를 하면서 도안과 같이 평면으로 40단을 뜬다. 코줄임과 바늘 비우기를 규칙적으로 하면서 콧수가 늘거나 줄지 않도록 주의한다.
41~60단	코를 장갑 바늘 3개에 똑같이 나누어 옮기고 원형으로 도안과 같이 뜬다.
마무리	돗바늘을 코 사이로 통과시켜 원형으로 오므린 다음 남은 실은 돗바늘을 이용해 편물 사이로 숨기고 정리한다.

끈 만들기

1 보닛의 양쪽 끝 가터단 마지막 부분에서 3코를 줍는다.
2 아이코드 뜨기(74쪽)로 18~20cm가 될 때까지 끈을 만든다.
3 적당한 길이가 되면 실을 자르고 돗바늘을 이용해 코 사이로 통과시키고 마무리한다.

※ 완성 후 낮은 온도(울 모드)로 스팀 다림질을 한다.

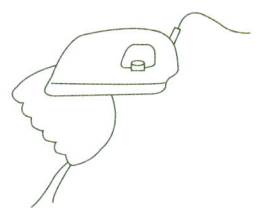

게이지

무늬 하나의 게이지: 6.5×4.5mm
게이지는 작업자의 손의 텐션에 따라 다르다. 정확한 크기로 만들기 위해서는 게이지를 확인해보는 것이 좋다. 작업한 무늬 하나의 스와치 크기가 게이지보다 크다면 한 사이즈 작은 3.5mm 바늘을 사용하고, 스와치 크기가 작다면 한 사이즈 큰 4.5mm 바늘로 작업하면 된다. 또한 보닛 크기를 다르게 할 때도 바늘 사이즈로 조절하면 된다.

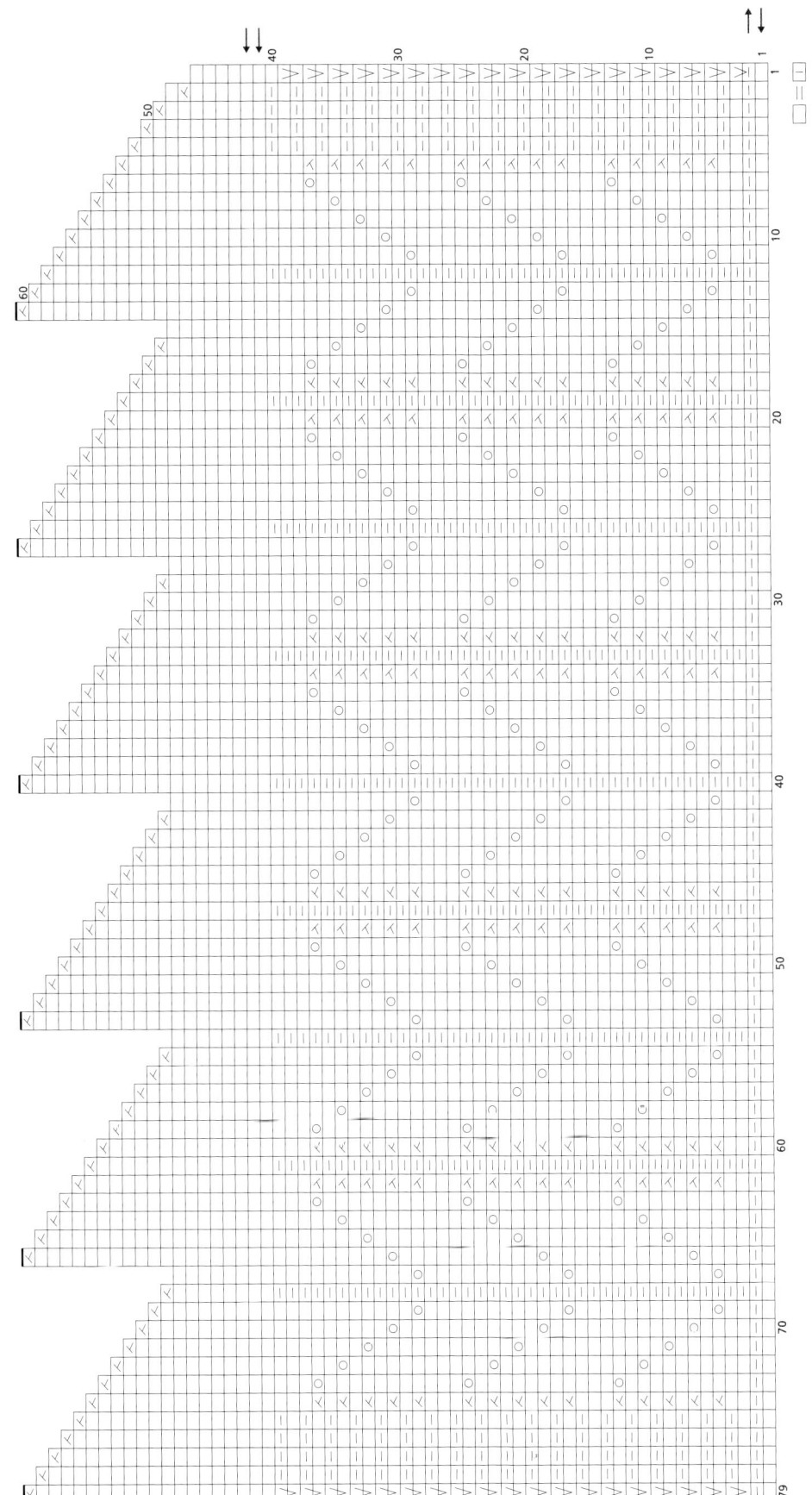

Bear Bonnet
곰돌이 보닛

완성 크기
18×20cm(끈 제외)

추천 월령
3~12개월

사용한 실
치카디Chickadee 갈색(170번) 45g

사용한 바늘
장갑 바늘 3.5·4mm, 돗바늘

게이지
22코×31단

How to make

머리 부분 만들기

1단	3.5mm 바늘로 76코를 만든다.
2~6단	2코 고무단을 5단 뜬다.
7~36단	4mm 바늘로 바꾸어 도안과 같이 멍석뜨기를 한다.
37단	코막음을 25코 하고, 중간의 멍석뜨기 부분 무늬를 유지하며 마지막 코까지 뜬다.
38단	코막음을 25코 하고, 도안과 같이 멍석뜨기 무늬를 유지하며 뜬다.
39~74단	도안과 같이 양옆 코줄임을 해가며 멍석뜨기를 한다. 마지막 단은 무늬를 유지하며 코덮음을 한다.
마무리	Ⓐ 부분과 Ⓑ 부분을 시침핀으로 고정하고 돗바늘로 꿰맨다. Ⓐ와 Ⓑ를 연결해 보닛 형태가 만들어지면 하단에서 도안과 같이 코를 고르게 주워(② 부분) 3.5mm 바늘로 2코 고무뜨기를 6단 뜨고 코덮음을 한다.

귀 부분 만들기(2개)

1단	26코를 만든다.
2~14단	도안과 같이 멍석뜨기를 유지하면서 뜬다.
15~16단	도안과 같이 코줄임을 한다.
마무리	돗바늘을 이용해 코 사이로 실을 통과시켜 조이고 벌어진 구간을 돗바늘로 꿰맨다.

연결하기

완성된 귀 2개를 모자 상단에 놓고 돗바늘로 꿰맨다.

끈 만들기

1. 보닛의 양쪽 끝부분에서 3코를 줍는다.
2. 아이코드 뜨기(74쪽)로 20cm 정도가 될 때까지 떠서 끈을 만든다.
3. 실을 자르고 돗바늘을 이용해 코 사이로 통과시키고 마무리한다.

※ 완성 후 낮은 온도(울 모드)로 스팀 다림질을 한다.

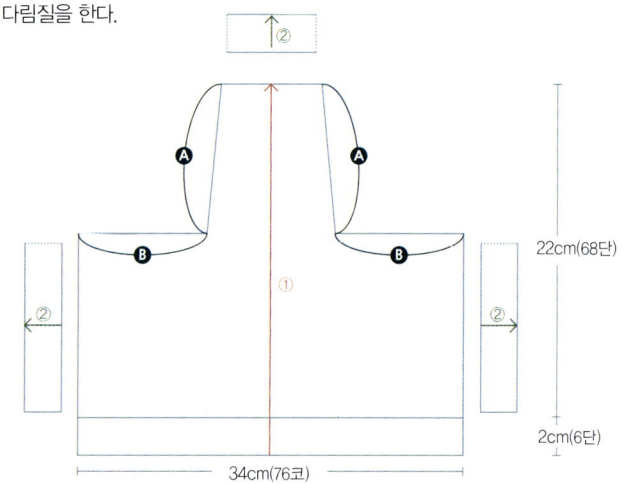

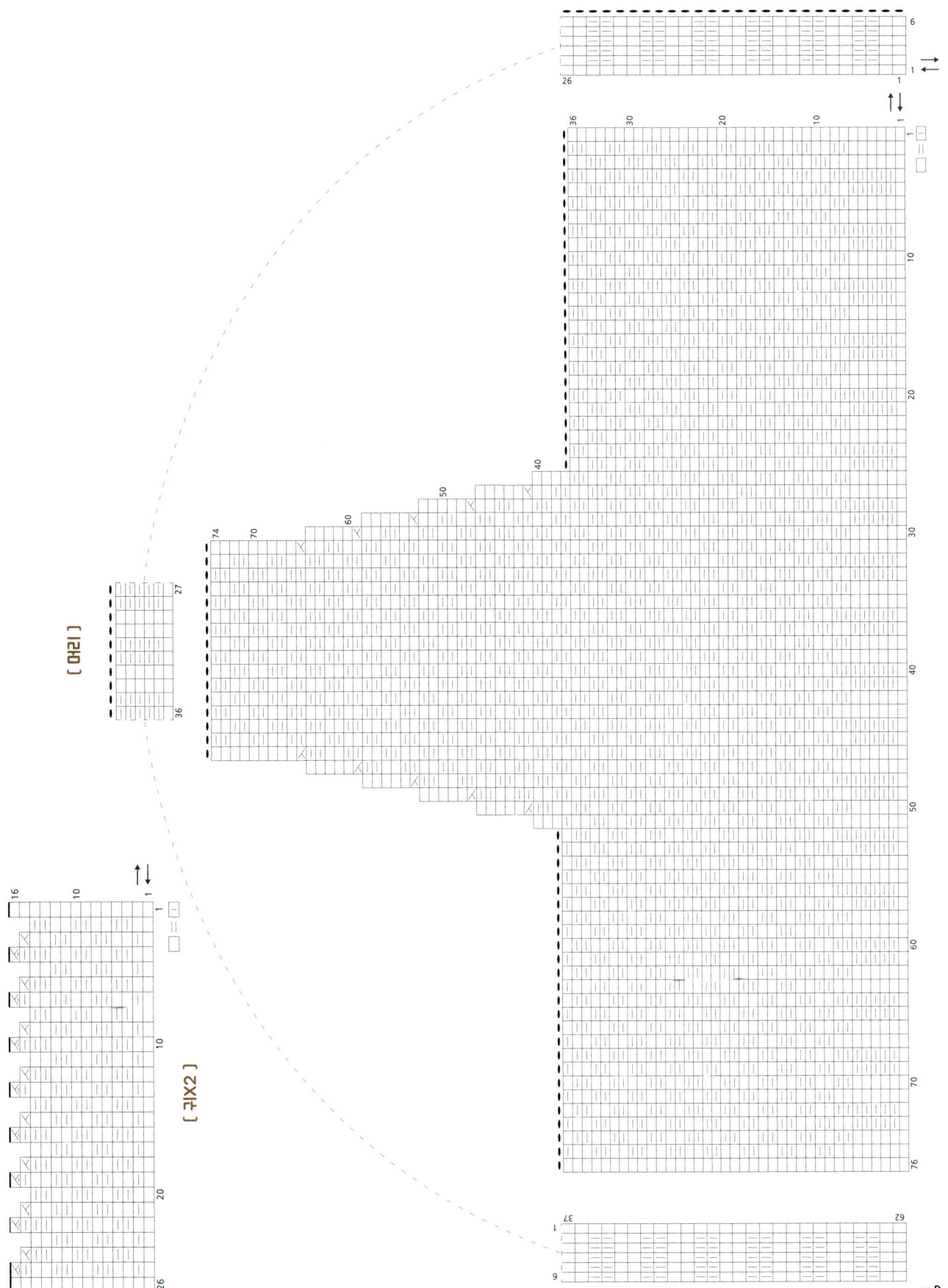

Rabbit Bonnet
토끼 보닛

완성 크기
18×20cm(끈 제외)

추천 월령
3~12개월

사용한 실
치카디Chickadee 하늘색(105번) 50g

사용한 바늘
장갑 바늘 3.5·4mm, 돗바늘

게이지
22코×31단

How to make

머리 부분 만들기

1단	3.5mm 바늘로 76코를 만든다.
2~6단	2코 고무단을 5단 뜬다.
7~36단	4mm 바늘로 바꾸어 도안과 같이 멍석뜨기를 한다.
37단	코막음을 25코 하고, 중간의 멍석뜨기 부분 무늬를 유지하며 마지막 코까지 뜬다.
38단	코막음을 25코 하고, 도안과 같이 멍석뜨기 무늬를 유지하며 뜬다.
39~74단	도안과 같이 양옆 코줄임을 해가며 멍석뜨기를 한다. 마지막 단은 무늬를 유지하며 코덮음을 한다.
마무리	Ⓐ 부분과 Ⓑ 부분을 시침핀으로 고정하고 돗바늘로 꿰맨다. Ⓐ와 Ⓑ를 연결해 보닛 형태가 만들어지면 하단에서 도안과 같이 코를 고르게 주워(② 부분) 3.5mm 바늘로 2코 고무뜨기를 6단 뜨고 코덮음을 한다.

끈 만들기

1 보닛의 양쪽 끝부분에서 3코를 줍는다.
2 아이코드 뜨기(74쪽)로 20cm 정도가 될 때까지 떠서 끈을 만든다.
3 적당한 길이가 되면 실을 자른 뒤 돗바늘을 이용해 코 사이로 통과시키고 마무리한다.

※ 완성 후 낮은 온도(울 모드)로 스팀 다림질을 한다.

귀 부분 만들기(2개)

1단	26코를 만든다.
2~40단	도안과 같이 멍석뜨기를 유지하며 뜬다.
41~42단	도안과 같이 코줄임을 한다.
마무리	돗바늘을 이용해 코 사이로 실을 통과시켜 조이고 벌어진 구간을 돗바늘로 꿰맨다.

연결하기

완성된 귀 2개를 모자 상단에 놓고 돗바늘로 꿰맨다.

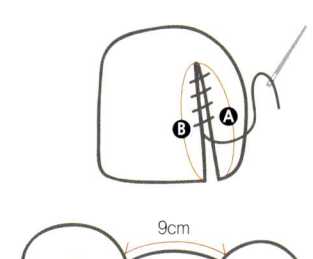

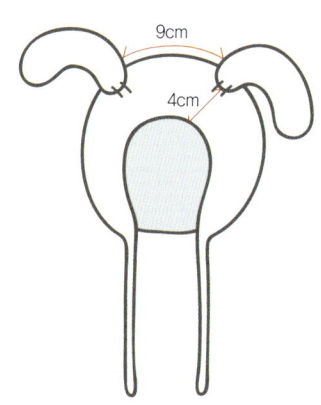

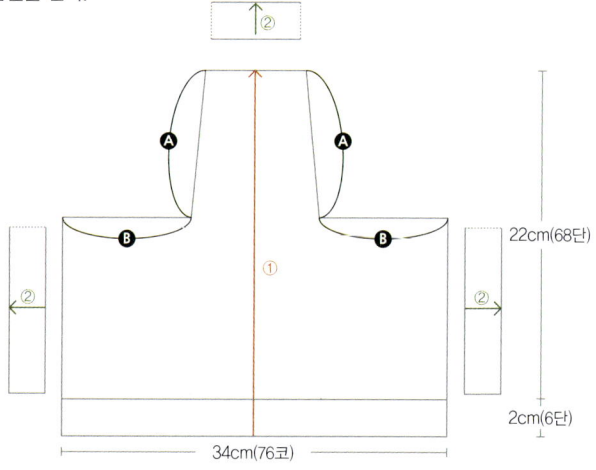

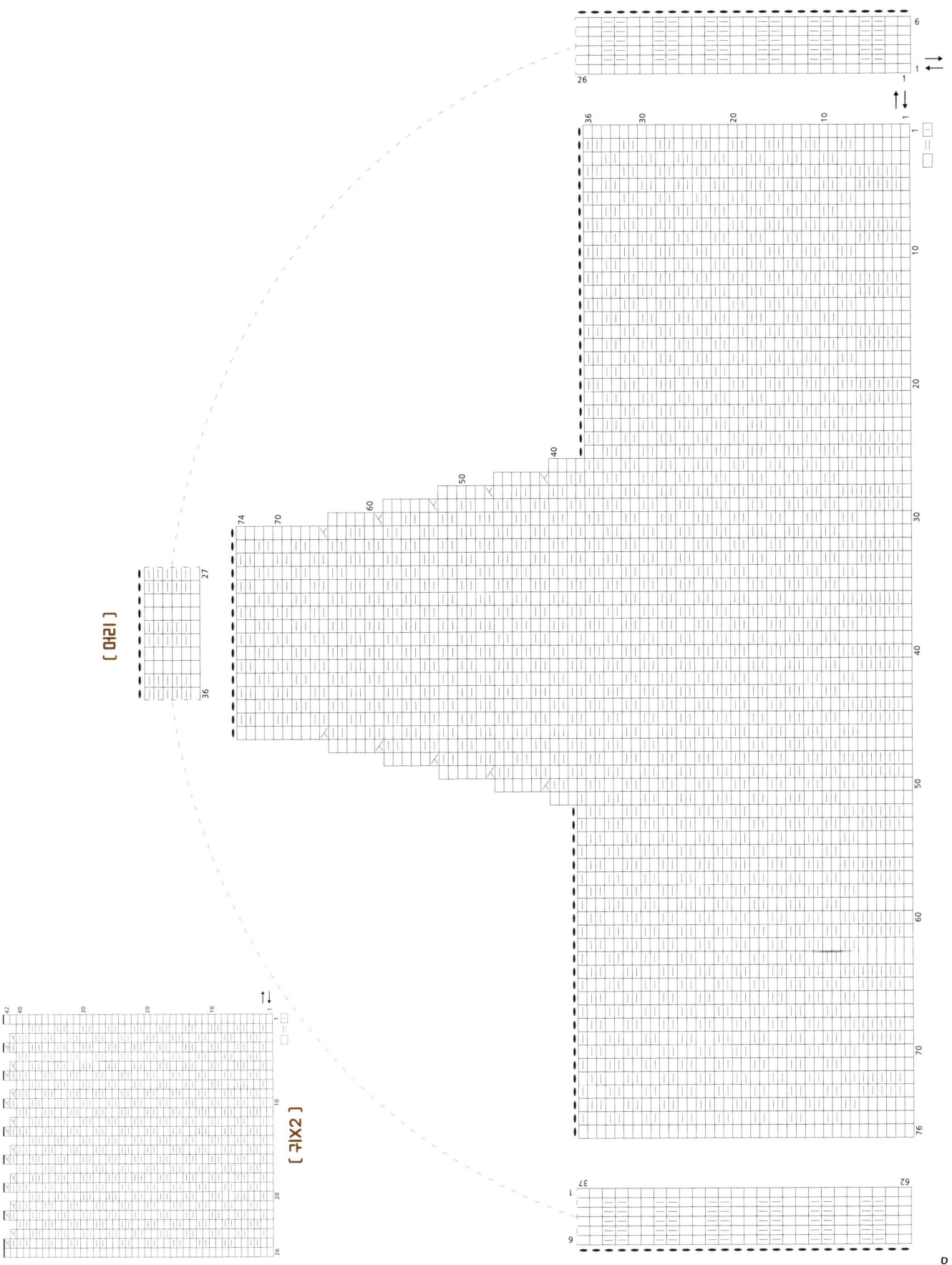

Doggy Bonnet & Gloves
멍멍이 보닛과 손싸개

● 보닛

완성 크기
22×12cm

추천 월령
6~12개월

사용한 실
몽실 베이지색(122번) 50g

사용한 바늘
장갑 바늘 5mm, 코바늘 7호, 돗바늘

게이지
16코×20단

How to make

※ 극세사 실의 특성상 콧수를 눈으로 확인하기 어려워 길이(cm)를 함께 표기함.

보닛

머리 부분 만들기

1단	60코를 만들어 3개의 바늘에 20코씩 나누어 옮겨 원형뜨기로 작업한다.
2~8단	2코 고무뜨기(겉뜨기 2코, 안뜨기 2코)를 원형으로 뜬다. 보닛의 목 부분이며 길이는 약 4cm가 된다.
9~40단	평면뜨기를 한다. 도안과 같이 10단에서는 양쪽에서 코줄임을 하고, 11단부터는 약 15cm가 될 때까지 메리야스뜨기를 한다.
41~57단	다시 3개의 바늘로 코를 옮겨 원형뜨기로 작업한다. 도안과 같이 코줄임을 하고, 마지막 단까지 뜨고 나면 돗바늘을 이용해 코 사이로 실을 통과시켜 조인다. 실은 뒷면에 숨겨 마무리한다.

귀 부분 만들기(2개)

1~9단	18코를 만들어 3개의 바늘에 6코씩 나누어 옮겨 원형뜨기로 작업한다. 길이는 약 5cm가 된다.
10~11단	도안과 같이 코줄임을 하고, 마지막 단까지 뜨고 나면 돗바늘을 이용해 코 사이로 실을 통과시켜 조인다. 남은 실은 편물 사이로 숨겨 마무리한다.

연결하기

완성된 귀 2개를 보닛 중심에서 양쪽으로 6cm 거리에 대칭으로 놓고 돗바늘로 꿰맨다.

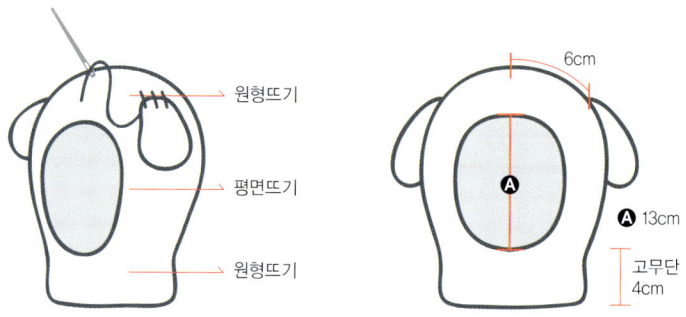

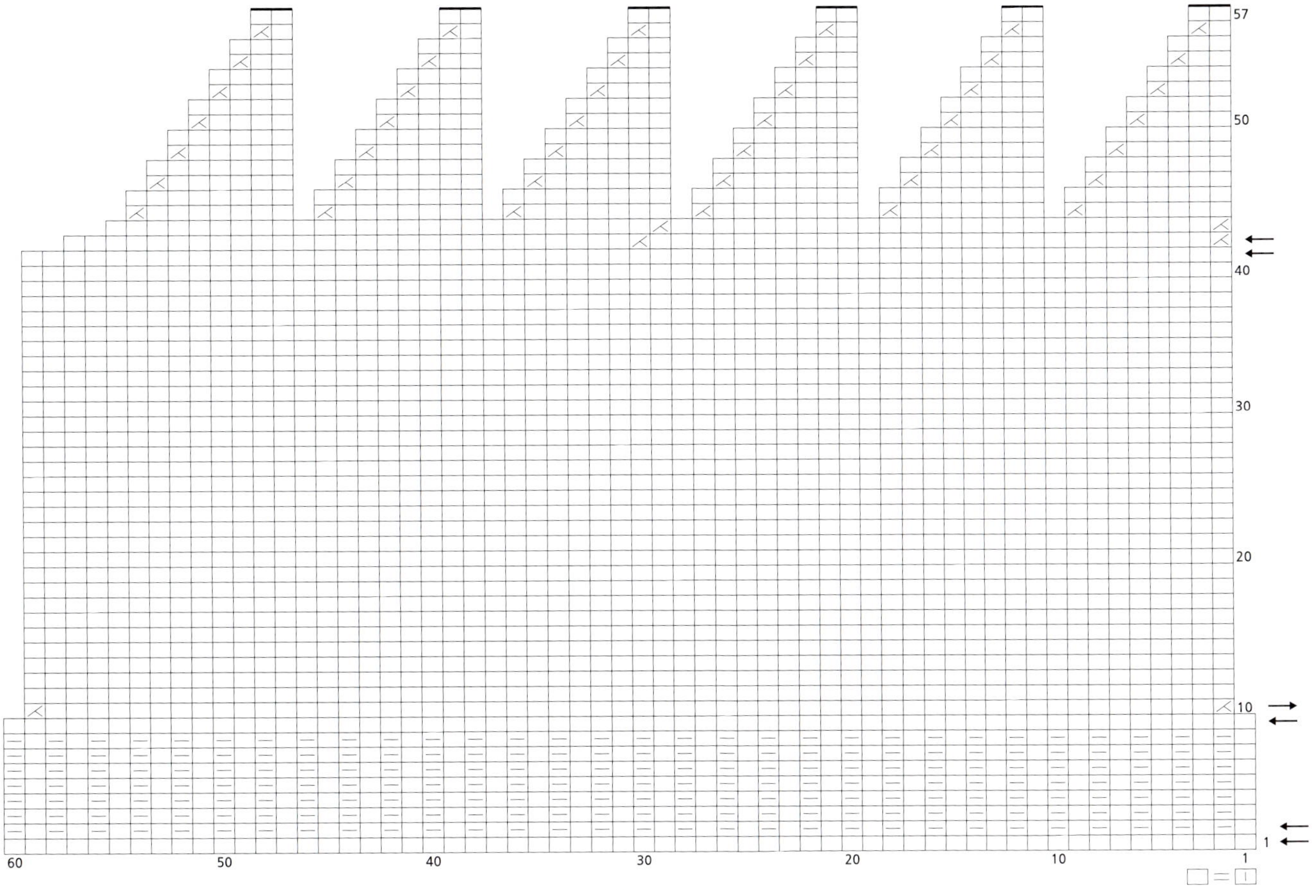

[머리]

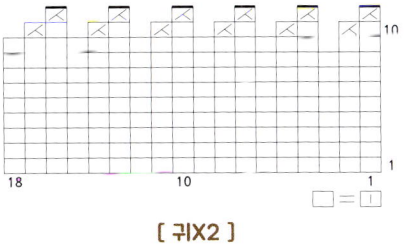

[귀X2]

● 손싸개

완성 크기
7×9cm

사용한 실
몽실 베이지색(122번) 20g
털실 검은색 · 흰색 조금씩

사용한 바늘
장갑 바늘 5mm, 코바늘 7호, 돗바늘

게이지
16코×20단

추가 재료
고무줄

손싸개

머리 부분 만들기(2개)

30코를 만들어 도안과 같이 원형뜨기로 작업하고, 마지막 단까지 뜨고 나면 돗바늘을 이용해 코 사이로 통과시켜 조인다. 남은 실은 편물 사이로 숨겨 마무리한다.

귀 부분 만들기(각 2개)

사슬코 4개, 1길 긴뜨기 3개를 뜬 후 빼뜨기하고 마무리한다. 연결할 실을 20cm 정도 남기고 자른다.

주둥이 부분 만들기(각 1개)

코바늘로 원형코를 만들고 짧은뜨기를 6코 뜬 다음, 코늘림을 6회 하고 빼뜨기로 마무리한다. 연결할 실을 20cm 정도 남기고 자른다.

연결하고 마무리하기

1 손싸개 안쪽 면 그림과 같은 위치에 살짝 당긴 고무줄을 시침핀으로 고정한 후 손싸개와 같은 색상의 일반 실로 홈질해서 붙인다.

2 완성된 귀 2개를 위쪽에 대칭으로 놓고 돗바늘로 꿰맨다. 완성된 주둥이는 중심에 꿰매고, 검은색 실로 그림과 같이 눈, 코, 입을 수놓는다.

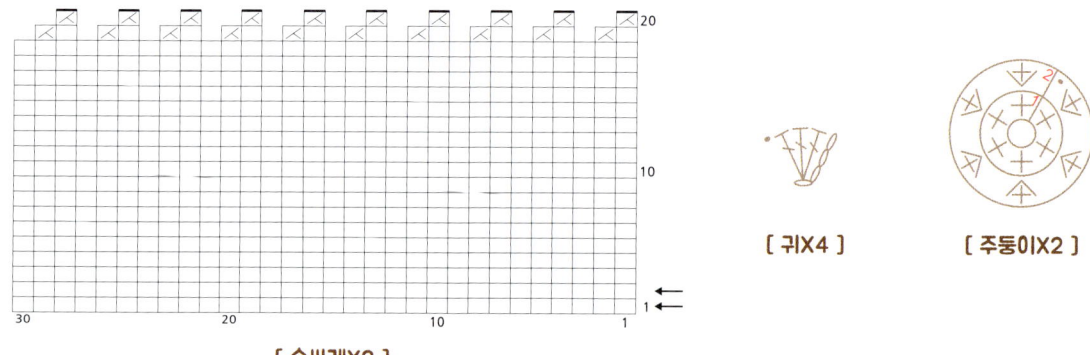

Frog Hairband & Socks

개구리 머리띠와 덧신

● 머리띠

완성 크기
40×8cm(눈 포함)

추천 월령
6~12개월

사용한 실
치카디Chickadee 초록색(129번) 20g,
검은색(102번)·흰색(101번) 조금씩

사용한 바늘
장갑 바늘 3.5mm, 돗바늘

게이지
24코×28단

How to make

머리띠

띠 부분 만들기

1단	초록색 실로 19코를 만든다.
2~112단	도안과 같이 첫 코와 끝 코는 모두 걸러뜨기 하며 겉뜨기와 안뜨기를 반복해 112단(약 40cm)까지 뜬다. 코를 덮어 마무리한 다음 연결에 사용할 실 20cm 정도를 남기고 자른다.

눈 부분 만들기(2개)

1단	초록색 실로 22코를 만든다.
2~9단	도안과 같이 실의 색을 바꿔가며 눈 부분을 뜬다. 돗바늘로 모든 코를 통과시켜 조이고 마무리한다.
마무리	눈의 옆면을 돗바늘을 이용해 메리야스뜨기 연결 방법(74쪽)으로 꿰매고 머리띠에 연결할 때 사용할 실 20cm 정도를 남겨두고 자른다.

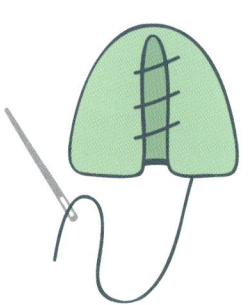

연결하기

완성된 눈 2개를 머리띠 상단(아래 그림 참고)에 놓고 돗바늘로 꿰맨다. 머리띠의 양끝도 돗바늘로 연결하고 실을 정리한다.

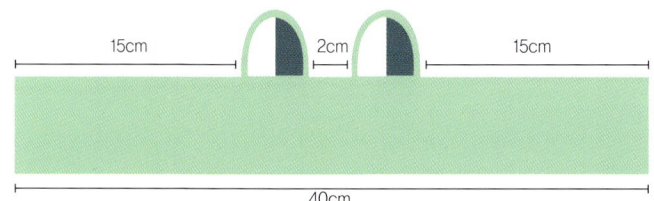

[띠]

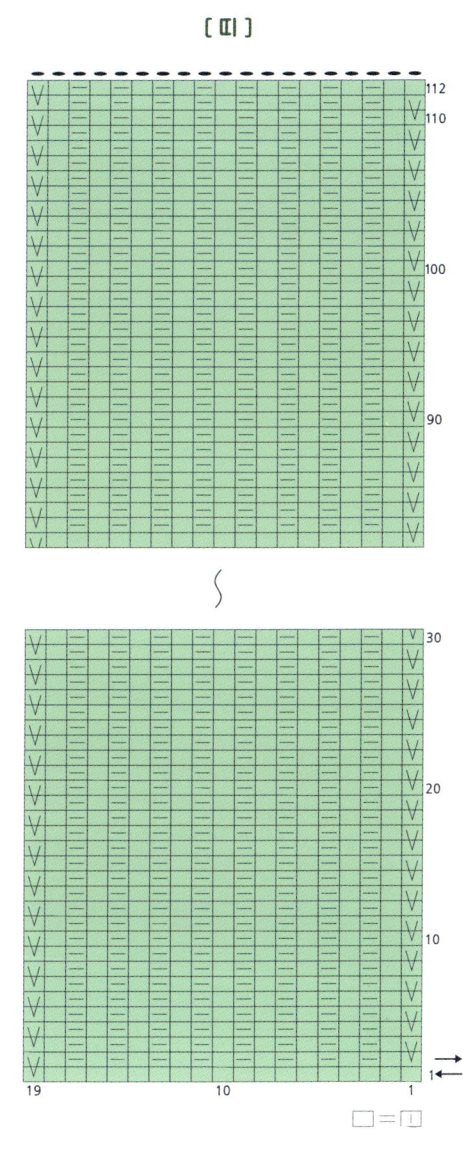

[눈×2]

● 덧신

완성 크기
11×8cm

추천 월령
6~12개월

사용한 실
치카디Chickadee 초록색(129번) 30g
(실 두 가닥을 겹쳐 사용하거나 5mm 바늘용 굵은 실 한 가닥을 사용한다.),
검은색(102번)·흰색(101번)·
빨간색(132번) 조금씩

사용한 바늘
장갑 바늘 5mm, 코바늘 7호, 돗바늘

게이지
17.5코×26단

덧신

덧신 부분 만들기(2개)
머리띠에서 사용한 실을 두 가닥으로 겹쳐 도톰하게 작업한다.
1단에서 18단까지는 원형뜨기를 하고, 19~36단까지는 평면뜨기를 한다.
마지막 단까지 뜨고 나면 코덮음을 해서 마무리한 후 코덮은 구간을 뒤집고 반으로 접어 돗바늘로 꿰맨다.

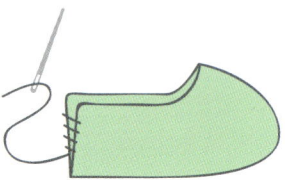

눈 부분 만들기(각 2개)
코바늘로 눈 부분을 만들고, 그림과 같이 흰색 실과 검은색 실을 사용해 눈동자 모양으로 자수를 놓는다.

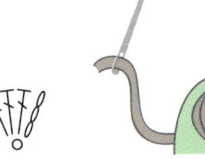

[눈X4]   [눈동자 만들기]

연결하기
덧신의 입구 부분을 코바늘 7호를 사용해 짧은뜨기를 한 방향으로 떠서 정리한다.
돗바늘로 덧신 앞부분에 눈을 꿰매어 붙이고 그림과 같이 입과 콧구멍을 자수를 놓아 만든다.

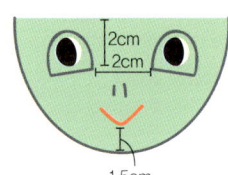

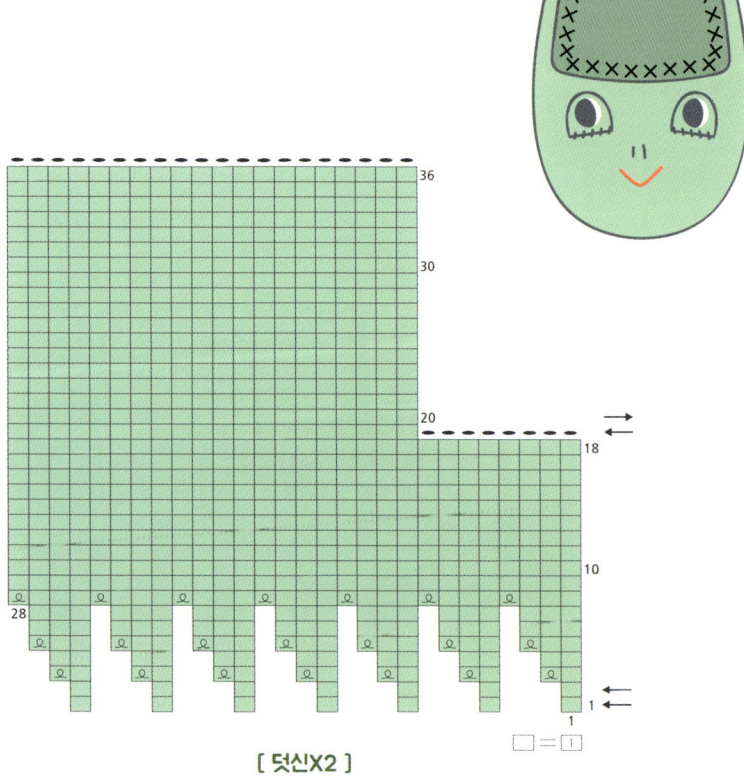

[덧신X2]

Bear Hairband & Socks
곰돌이 머리띠와 덧신

● 머리띠

완성 크기
40×8cm(귀 포함)

추천 월령
6~12개월

사용한 실
치카디Chickadee 갈색(155번) 20g,
검은색(102번)·베이지색(157번)
조금씩

사용한 바늘
장갑 바늘 3.5mm, 돗바늘

게이지
24코×28단

How to make

머리띠

띠 부분 만들기

1단	갈색 실로 19코를 만든다.
2~112단	도안과 같이 첫 코와 끝 코는 모두 걸러뜨기 하며 겉뜨기와 안뜨기를 반복해 112단(약 40cm)까지 뜬다. 코를 덮어 마무리한 다음 연결에 사용할 실 20cm 정도를 남기고 자른다.

귀 부분 만들기(2개)

1단	갈색 실로 22코를 만든다.
2~9단	도안과 같이 실의 색을 바꿔가며 귀 부분을 뜬다. 돗바늘로 모든 코를 통과시켜 조이고 마무리한다.
마무리	귀의 옆면을 돗바늘을 이용해 메리야스뜨기 연결 방법(74쪽)으로 꿰매고 머리띠에 연결할 때 사용할 실 20cm 정도를 남겨두고 자른다.

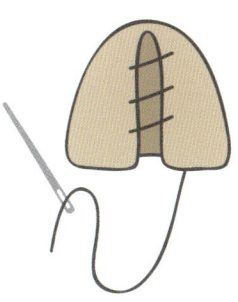

연결하기

완성된 귀 2개를 머리띠 상단(아래 그림 참고)에 놓고 돗바늘로 꿰맨다. 머리띠의 양끝도 돗바늘로 연결하고 실을 정리한다.

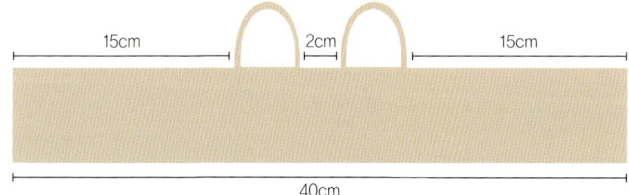

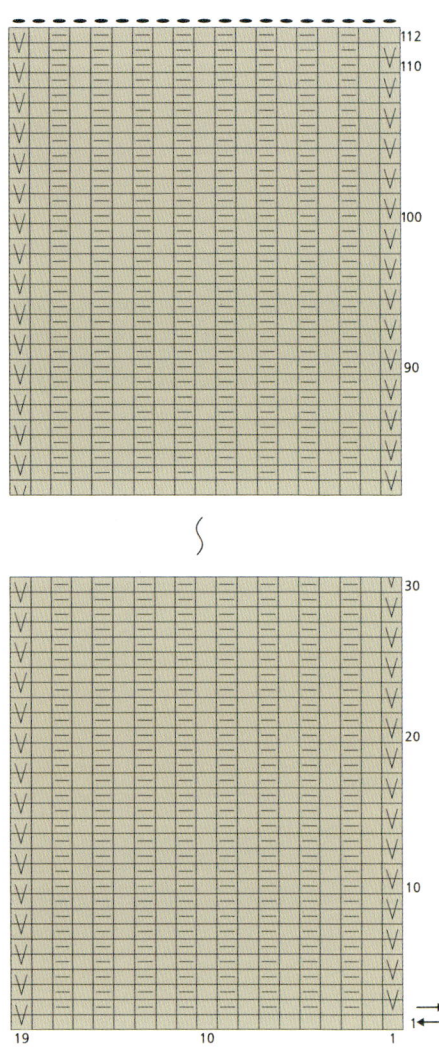
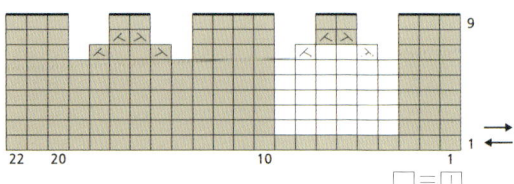

● 덧신

완성 크기
11×8cm(눈 포함)

추천 월령
6~12개월

사용한 실
치카디Chickadee 갈색(155번) 30g(실 두 가닥을 겹쳐 사용하거나 5mm 바늘용 굵은 실 한 가닥을 사용한다.), 베이지색(157번), 흰색(101번)·검은색(102번) 조금씩

사용한 바늘
장갑 바늘 5mm, 코바늘 7호, 돗바늘

게이지
17.5코×26단

덧신

덧신 부분 만들기(2개)
머리띠에서 사용한 실을 두 가닥으로 겹쳐 도톰하게 작업한다.
1단에서 18단까지는 원형뜨기를 하고, 19~36단까지는 평면뜨기를 한다. (1~6단 : 베이지색, 7단부터 갈색.) 마지막 단까지 뜨고 나면 코 덮음을 해서 마무리한 후 코덮은 구간을 뒤집고 반으로 접어 돗바늘로 꿰맨다.

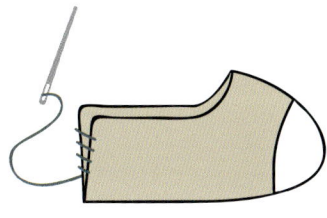

귀와 코 만들기
귀와 코는 도안과 같이 코바늘로 만든다.

[귀X4]   [코X2]

연결하기
덧신의 입구 부분을 코바늘 7호를 사용해 짧은뜨기를 한 방향으로 떠서 정리한다.
돗바늘을 이용해 귀와 코를 단다. 눈은 검은색 실로 자수를 놓아 만든다.

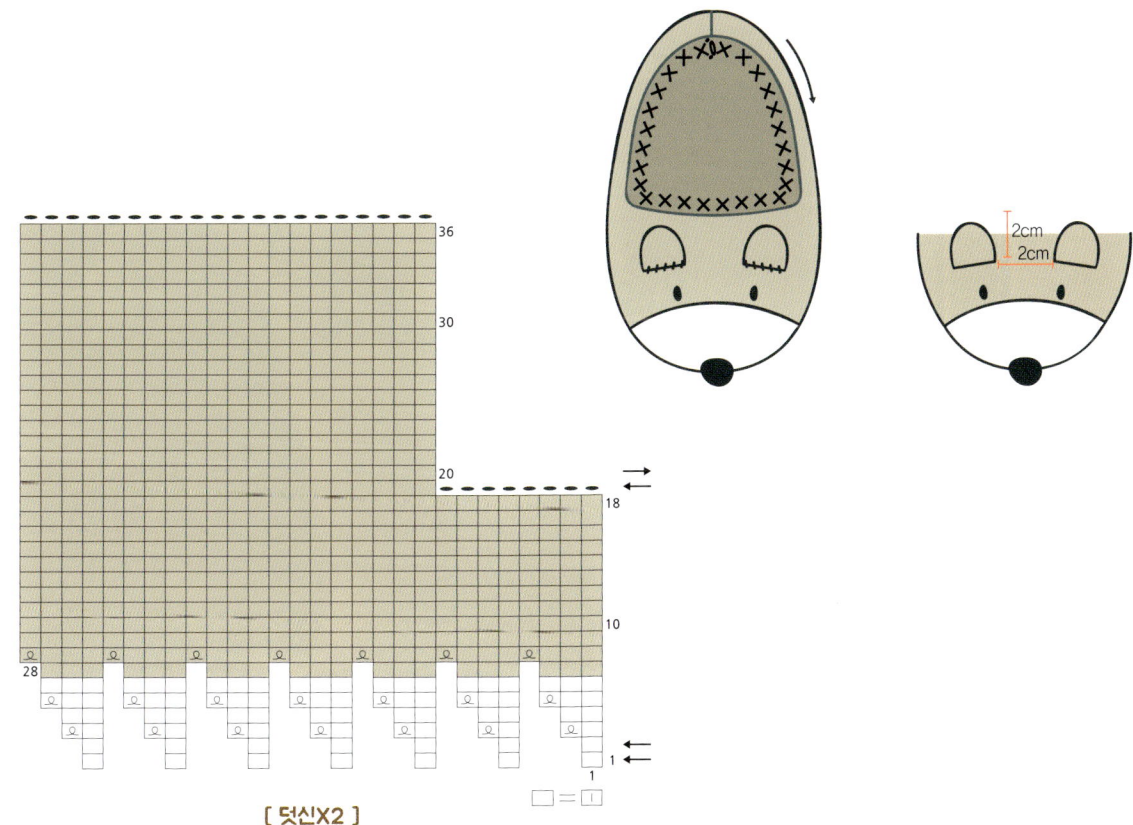

[덧신X2]

Flower Hairband
꽃 머리띠

How to make

1. 도안과 같이 꽃 모티프를 7개 만든다.
2. 펠트 천을 지름 5cm 크기 원으로 자른다.
3. 펠트 천 중심 부분에 ①의 꽃 모티프 1개와 진주를 일반 실로 꿰매어 단다.
4. 나머지 6개의 꽃 모티프는 꽃잎이 서로 살짝 겹치도록 놓고 진주와 함께 꿰맨다.
5. ④의 펠트 천을 뒤집어 꿰맨 실 바깥쪽의 펠트 천을 자른다. 꽃잎 바깥쪽으로 펠트 천이 보이지 않도록 정리하는 것이다.
6. 레이스 밴드를 아기의 머리 크기에 맞춰 준비한 다음 양쪽 끝을 꿰매서 연결한다.
7. ⑥의 바느질 선 위에 ⑤의 꽃 모티프를 단다.

완성 크기
울 실(치카디)로 작업했을 때 8×8cm, 리넨 실(스패로우)로 작업했을 때 6×6cm

추천 월령
6~24개월

사용한 실
치카디Chickadee
클레이색(113번)·하늘색(105번) 10g씩,
스패로우Sparrow 보라색(218번) 10g

사용한 바늘
울 실로 작업할 때 코바늘 6호, 리넨 실로 작업할 때 코바늘 2호, 돗바늘, 일반 바늘

추가 재료
진주 7개, 펠트 천, 레이스 밴드

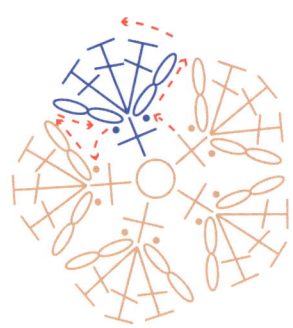

[꽃 모티프X7]

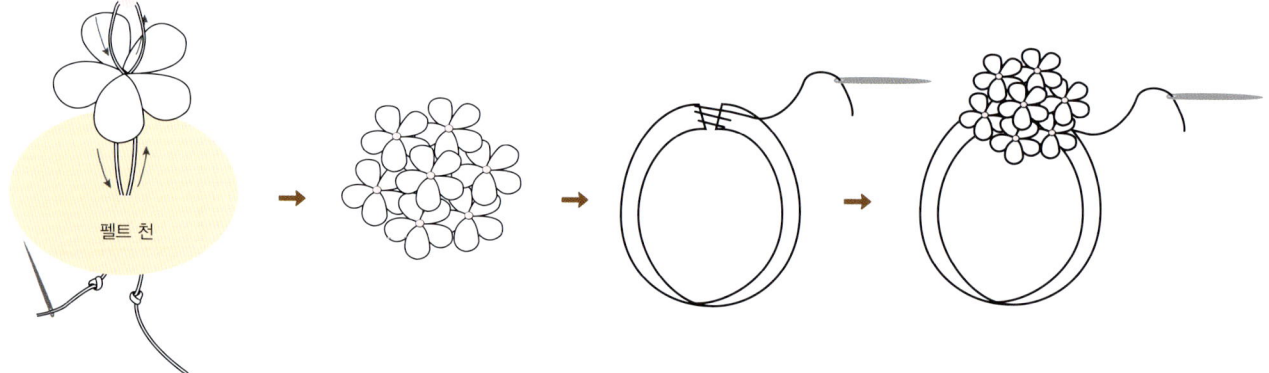

보들보들 모자

How to make

48코를 만들어 원형뜨기로 작업한다. 26단부터 도안과 같이 코줄임을 규칙적으로 해서 35단까지 뜬 후, 돗바늘로 마지막 단의 12코를 실을 통과시켜 조인다. 실을 숨겨 마무리한다.

※ 털 느낌의 특수사는 빗질을 해주면 더 풍성하고 가지런해진다.

완성 크기
20×16cm

추천 월령
6~12개월

사용한 실
엘크(리치 모어)ELK 흰색(57번) 20g

사용한 바늘
장갑 바늘 5.5mm, 돗바늘

게이지
15코×20단

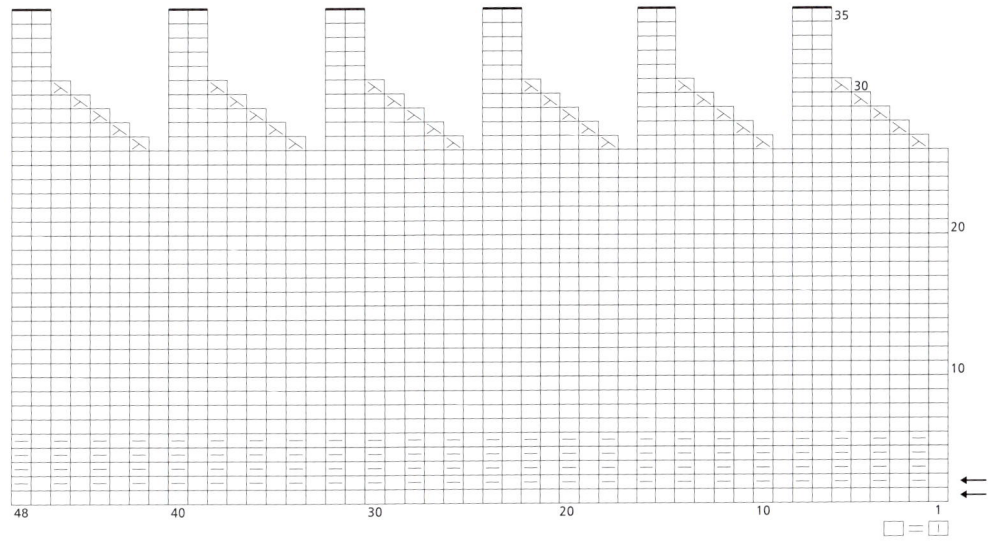

[모자]

Bell Hat
벨 모자

완성 크기
27×19cm (장식 방울 포함)

추천 월령
12개월

사용한 실
퀸스 앤 코 라크 Quince & co. Lark
노란색(125번) 50g, 분홍색(134번) 조금

사용한 바늘
코바늘 6호, 코바늘 5호(연결용), 돗바늘

게이지
20코×14단
10×10cm 스와치 안에 콧수와 단수가 도안의 숫자보다 많다면 코바늘 7호로, 적다면 5호로 작업한다. 모자 크기를 변경하려면 코바늘 사이즈로 조절한다.

How to make

1. '부분 도안'대로 모자의 부분을 완성한다.
2. ①을 5개 완성한다.
3. '연결 도안'대로 짧은뜨기와 사슬뜨기를 번갈아 뜨며 5개를 모두 연결한다. 연결할 때는 한 사이즈 작은 코바늘(5호)을 사용한다.
4. 연결된 모자의 끝단 모든 코에 되돌아 짧은뜨기(77쪽 참고)를 해서 단을 정리한다.
5. 방울은 포인트 색상이 되는 실로 도안과 같이 뜨고, 솜이나 자투리 실을 채워 동그랗게 만든다.
6. 완성된 방울을 모자 상단에 놓고 돗바늘로 꿰맨 다음 실을 숨겨 정리한다.

※ 완성 후 낮은 온도(울 모드)로 스팀 다림질을 한다.

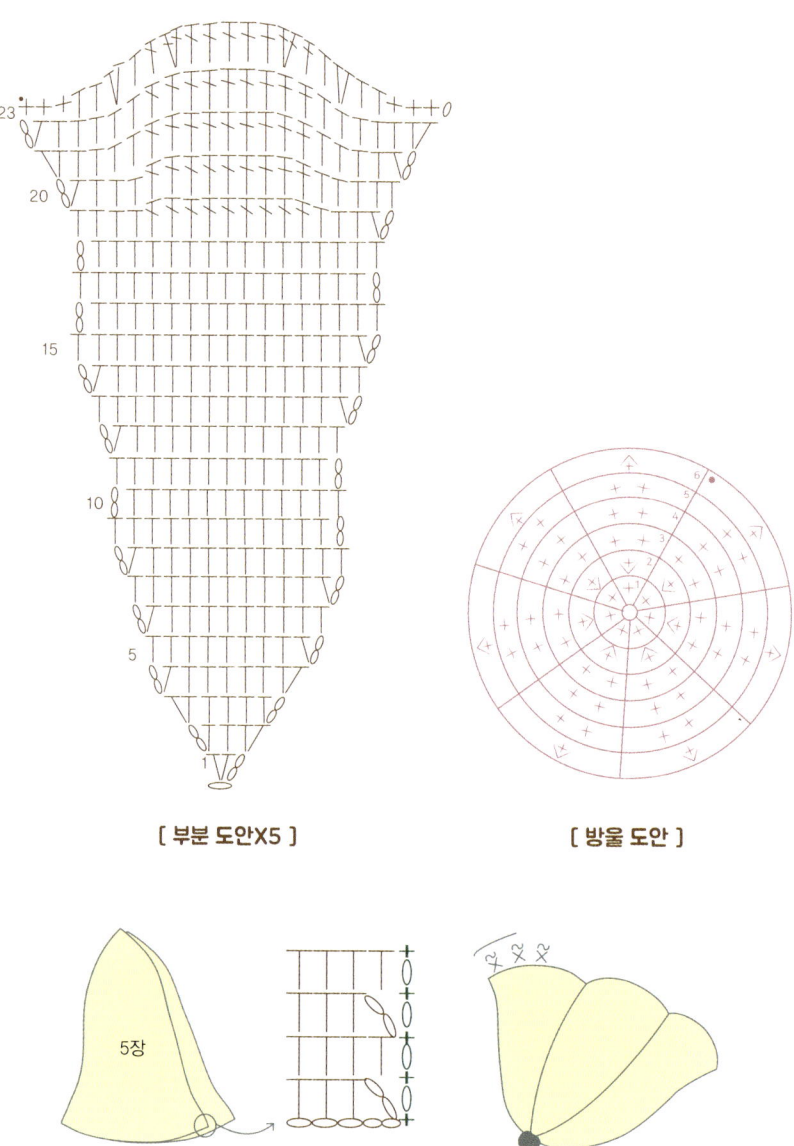

[부분 도안 X5]   [방울 도안]

[연결 도안]

Baby Socks

배색 양말과 레이스 양말

● 배색 양말

완성 크기
발길이 10cm, 총장 8cm

추천 월령
3개월

사용한 실
치카디Chickadee 회색(152번) 20g,
살구색(113번) 10g

사용한 바늘
장갑 바늘 3.5mm, 코바늘 5호,
돗바늘

게이지
30코×35단

How to make

배색 양말

살구색 실로 24코를 만들어 3개의 바늘에 8코씩 나누어 옮긴 뒤 도안의 배색을 참고하며 44단까지 작업한다. 돗바늘로 남은 코 사이로 실을 통과시키고 오므려 마무리한다. (발꿈치 부분 뜨는 방법 104쪽)

※ 완성 후 낮은 온도(울 모드)로 스팀 다림질을 한다.

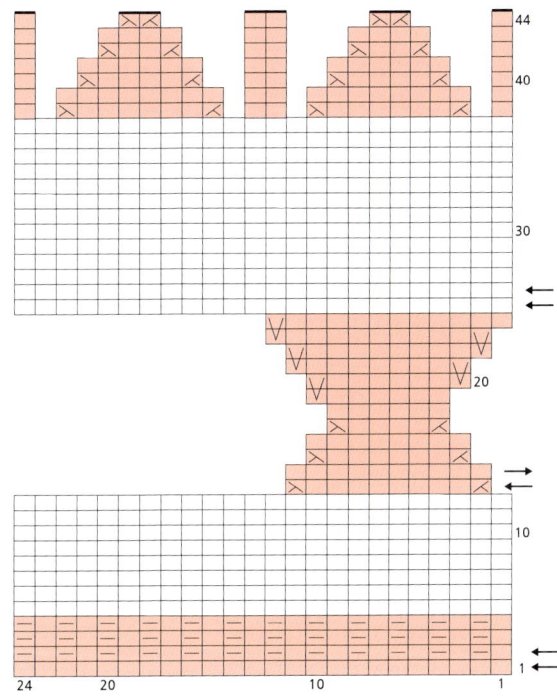

[배색 양말X2]

배색 양말 발꿈치 부분 뜨는 방법

코 줍는 위치

겉뜨기 단에서 코 줍는 방법

❶ 사진과 같이 아랫단의 코에 왼쪽 바늘을 넣는다.

❷ 오른쪽 바늘을 넣어 겉뜨기를 한다.

안뜨기 단에서 코 줍는 방법

❶ 사진과 같이 아랫단의 코에 왼쪽 바늘을 넣는다.

❷ 오른쪽 바늘을 넣어 안뜨기를 한다.

발꿈치가 완성된 모습

● 레이스 양말

완성 크기
발길이 10cm, 총장 7cm

추천 월령
6~12개월

사용한 실
치카디Chickadee
흰색(101번)·연회색(157번) 15g씩

사용한 바늘
장갑 바늘 3.5mm, 코바늘 5호,
돗바늘

게이지
30코×35단

레이스 양말

양말 만들기
흰색 실로 36코를 만들어 3개의 바늘에 12코씩 나누어 옮긴 뒤 도안의 배색을 참고하며 52단까지 작업한다. 돗바늘로 남은 코 사이로 실을 통과시키고 오므려 마무리한다.

레이스 장식하기
코바늘로 5단의 겉뜨기 코에 도안과 같이 짧은뜨기와 사슬뜨기로 레이스를 두른 다음, 실을 자르고 마무리한다.

※ 완성 후 낮은 온도(울 모드)로 스팀 다림질을 한다.

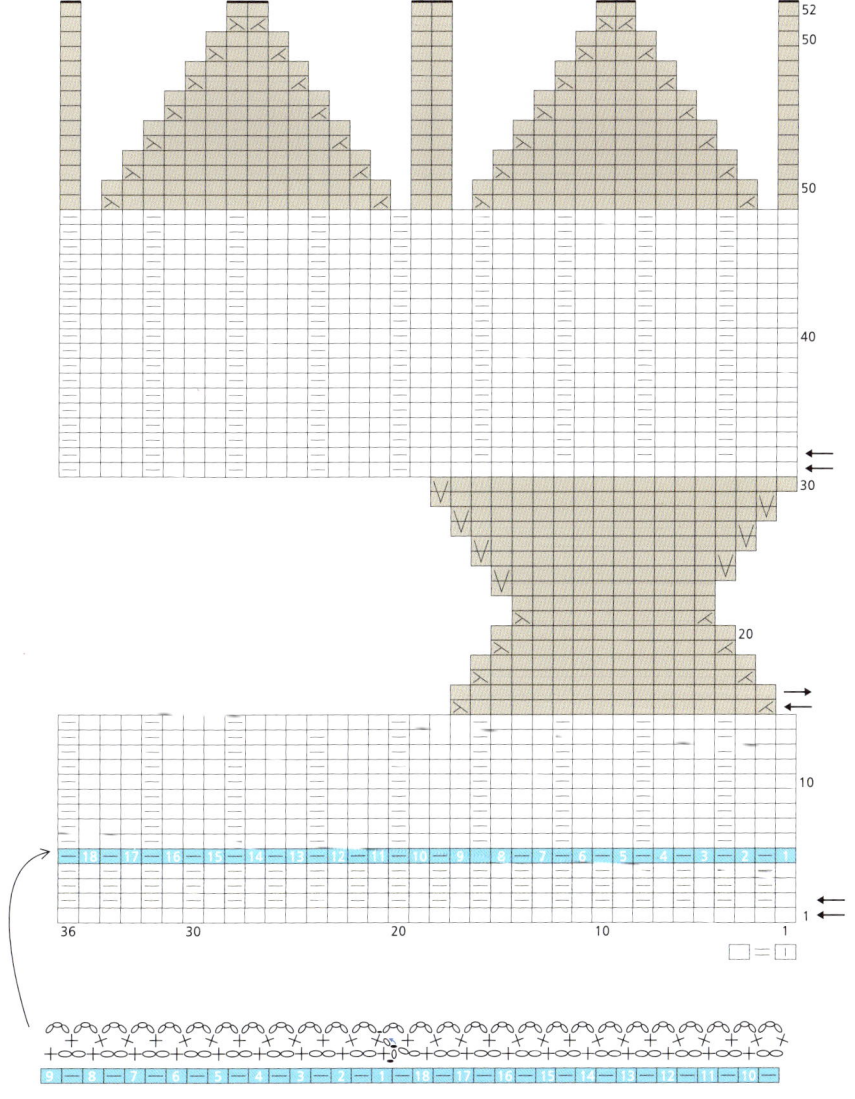

[레이스 양말X2]

Cape
케이프

완성 크기
21×25cm(끈 포함)

사용한 실
치카디Chickadee 갈색(120번) 20g

사용한 바늘
장갑 바늘 3.5mm

무늬 게이지
5.5×5.5cm

How to make

1~15단	133코를 만들어 도안과 같이 무늬 작업을 한다.
16~20단	고무단을 뜨고 코를 덮어 마무리한다.
마무리	고무단 양쪽 끝에서 3코를 주워 아이코드 뜨기(74쪽)로 15cm 길이의 끈을 만든다.

※ 완성 후 낮은 온도(울 모드)로 스팀 다림질을 한다.

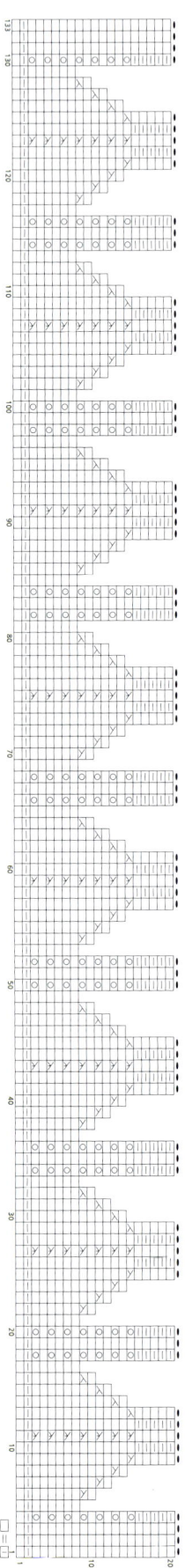

Baby Bib
턱받이

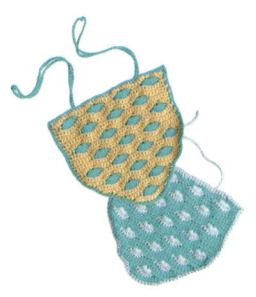

완성 크기
18.5×19cm

사용한 실
랑 솔Lang sol
개나리색(11번)·회색(24번) 25g씩
(또는 윌렛Willet으로 대체 가능)

사용한 바늘
코바늘 7호, 돗바늘

무늬 게이지
7.5×4.5cm

> **How to make**

1. 포인트 무늬 부분만 실 색상을 바꿔가며 도안과 같이 뜬다.
2. 테두리 부분을 도안과 같이 뜬다.
3. 표시된 위치에서부터 끈을 만들고 마무리한다.

※ 완성 후 낮은 온도(울 모드)로 스팀 다림질을 한다.

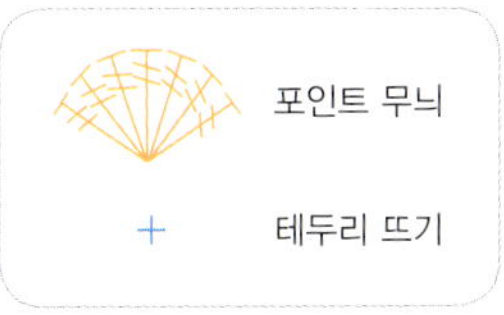

포인트 무늬
+ 테두리 뜨기

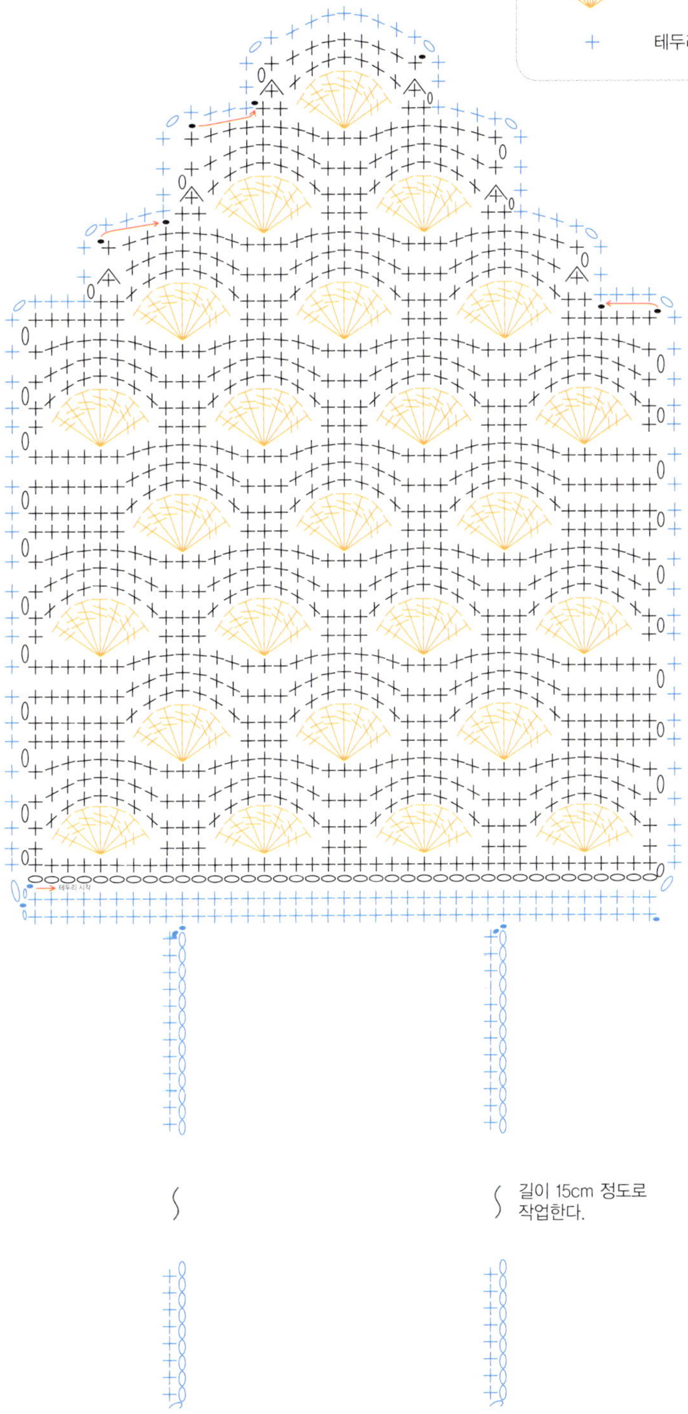

길이 15cm 정도로 작업한다.

Baby Watch
아기 손목시계

완성 크기
40×8cm

사용한 실
원형 | 윌렛Willet 흰색(701번) 조금, 회색(708번) 15g, 자수실 검은색 조금
사각 | 치카디Chickadee 오트밀색(157번) 조금, 청록색(148번) 15g, 자수실 검은색 조금

사용한 바늘
코바늘 4호, 돗바늘, 자수바늘

추가 재료
똑딱단추

How to make

※ 연결이 필요한 부분은 실을 20cm 정도 남겨두고 자른다.

1. 도안과 같이 시계 앞뒤를 각각 작업한다. 뒷면 마지막 단은 중간 긴뜨기로 이랑뜨기 한다.
2. 시계 앞면에 자수실로 숫자와 시곗바늘 모양으로 아래 그림을 참고하여 수를 놓는다.
3. 시계 앞면의 뒤쪽 반 코와 뒷면의 앞쪽 반 코를 짧은뜨기로 연결한다. 마지막 5코가 남으면 솜을 충분히 넣고 남은 코를 연결해 마무리한다.
4. 시계 뒷면 4단(사각시계는 6단)의 남아있는 반 코에 시곗줄 작업을 한다. 숫자 12를 수놓은 위치에 맞춰 작업한다. 반대쪽도 같은 길이로 줄을 만들고, 양쪽 모두 테두리에 짧은뜨기를 한다. (아기의 손목 둘레에 맞춰 짧은뜨기 단의 수를 조절한다.)
5. 시계태엽 코를 만든다.
6. 시곗줄에 똑딱단추를 단다.

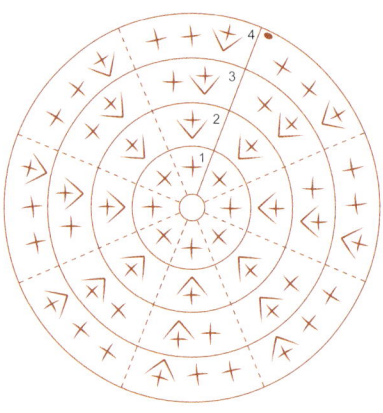

[원형 시계 앞면]

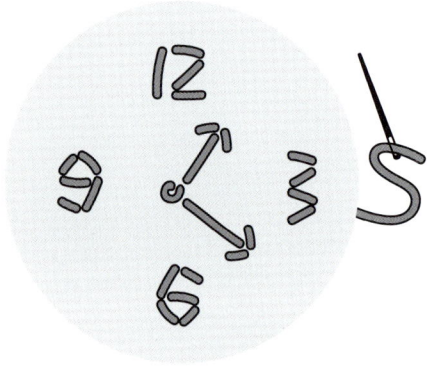

[숫자 자수 놓기]

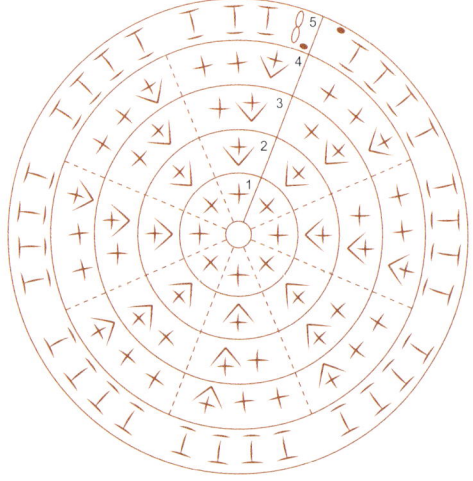

[원형 시계 뒷면]

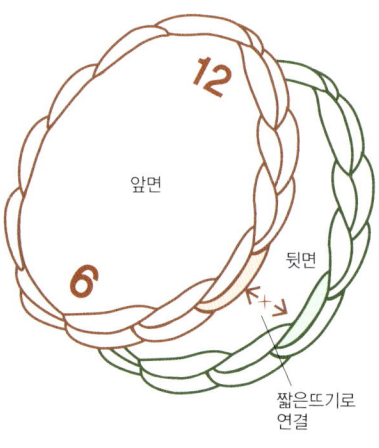

[연결]

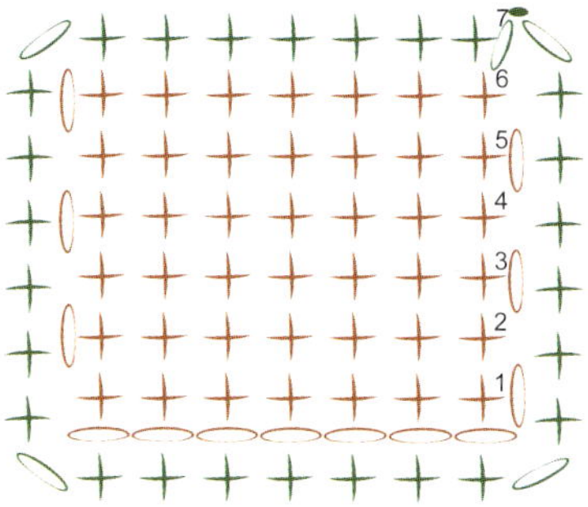

7
6
5
4
3
2
1

[사각 시계 앞면]

8
7
6
5
4
3
2
1

[사각 시계 뒷면]

테두리 뜨기
12
첫 코에 빼뜨기해
서 둥글게 만다.
시계 태엽
6
테두리 뜨기
테두리 뜨기
12
시계 태엽
6
테두리 뜨기

[시곗줄]

[숫자 자수 놓기]

12
앞면
뒷면
6
짧은뜨기로
연결

[연결]

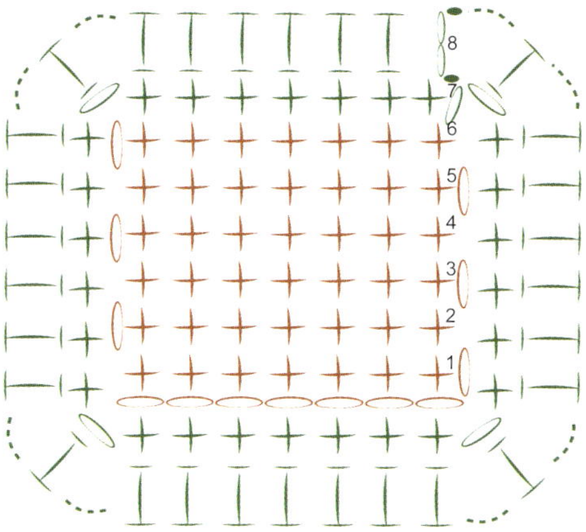

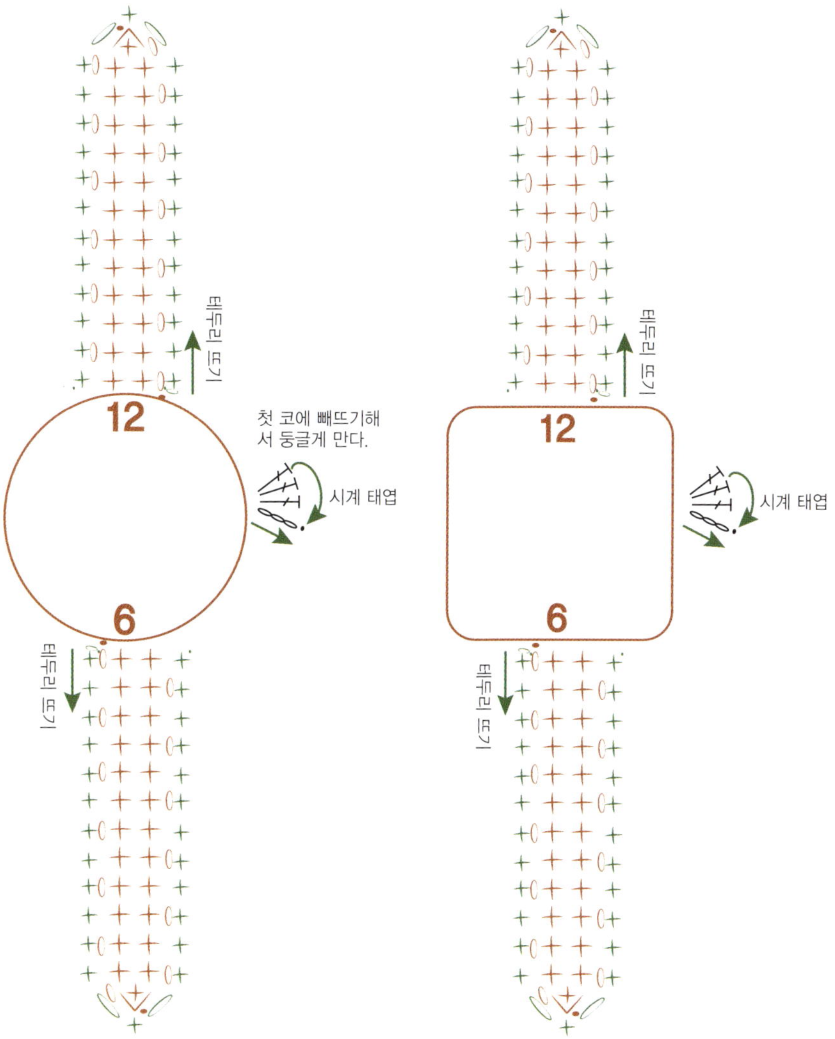

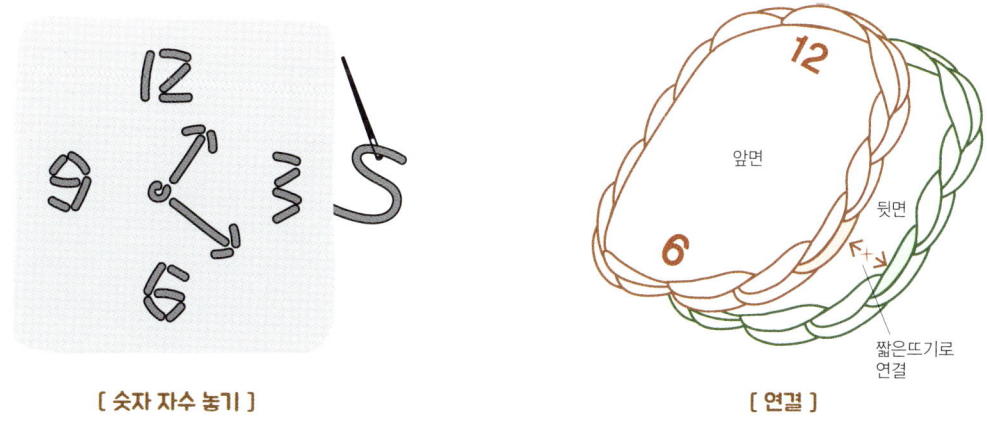

Rattle & Teether
아기 놀잇감

How to make

튤립 딸랑이

1. 빨간색 실로 튤립 꽃잎 부분을 도안과 같이 떠서 3개를 완성한다.
2. ①을 111쪽 그림과 같이 연결하고, 32단까지 도안과 같이 떠서 꽃을 완성한다.
3. 솜과 방울을 넣는다.
4. 33단부터 초록색 실로 바꿔 줄기를 이어서 뜨고 빼뜨기로 마무리한 다음 연결할 실을 남겨두고 자른다.
5. 줄기 바닥 부분을 도안과 같이 뜬다.
6. 줄기 부분에도 솜을 채우고 줄기 바닥 부분을 돗바늘로 연결해 마무리한다.
7. 잎사귀 부분은 도안과 같이 2개를 뜨고 솜을 넣은 다음 줄기에 돗바늘로 연결한다.

● 튤립 딸랑이

완성 크기
7×9cm

사용한 실
윌렛Willet 빨간색(705번) 40g,
연두색(712번) 20g

사용한 바늘
코바늘 5호, 돗바늘

게이지
26코×28단

추가 재료
솜, 방울

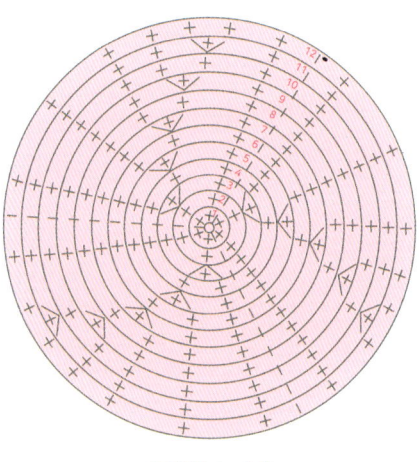

[꽃잎 A, C]

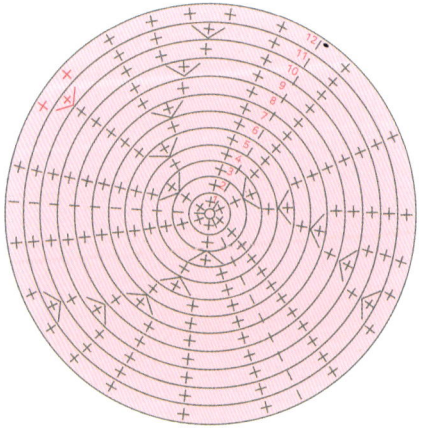

[꽃잎 B]

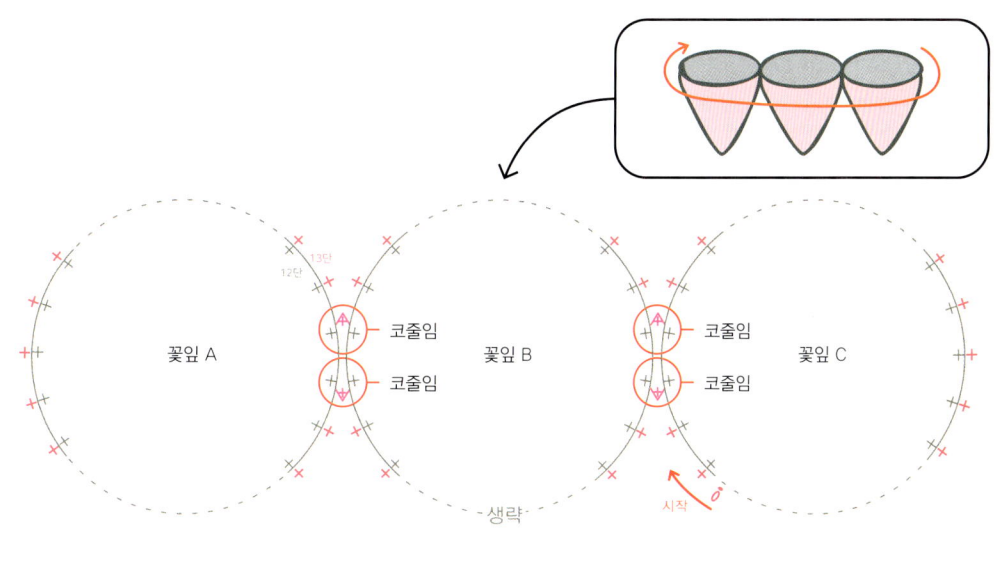

[꽃잎 연결]

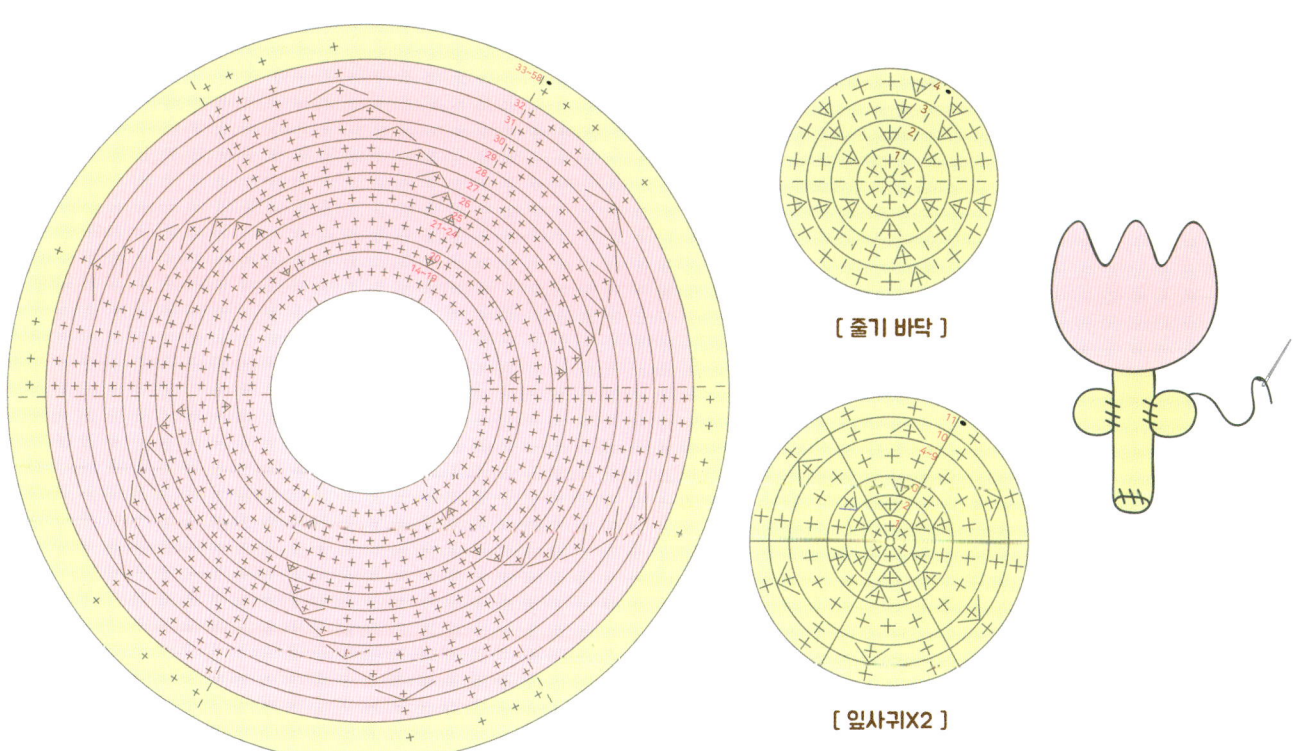

[꽃잎 아래쪽~줄기]

[줄기 바닥]

[잎사귀X2]

● 펭귄 딸랑이

완성 크기
10×8cm

사용한 실
랑 콰트로Lang Quattro
검은색(4번)·흰색(1번)·주황색(59번)·
빨간색(60번)·민트색(72번) 조금씩

사용한 바늘
코바늘 4호, 돗바늘

추가 재료
원목 링, 솜, 방울

펭귄 딸랑이

1. 원형뜨기로 3단까지 작업한다.
2. 4~19단까지는 평면뜨기로 도안을 참고해서 배색하며 작업한다.
3. 20단부터는 다시 원형으로 붙여 작업한다.
4. 트인 부분으로 솜과 방울을 넣고 오른쪽 그림과 같이 돗바늘을 이용해 꿰맨다.
5. 모자와 주둥이, 날개, 발을 각각의 색으로 도안과 같이 만든다.
6. 모자, 주둥이, 날개, 발을 113쪽 그림과 같이 꿰매 연결하고, 눈은 수놓아 만든다.
7. 원목 링 커버를 만들어서 원목 링에 감싸고 돗바늘을 이용해 꿰맨다.
8. 커버 중앙에 완성된 펭귄을 꿰매어 고정한다.

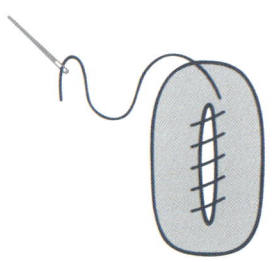

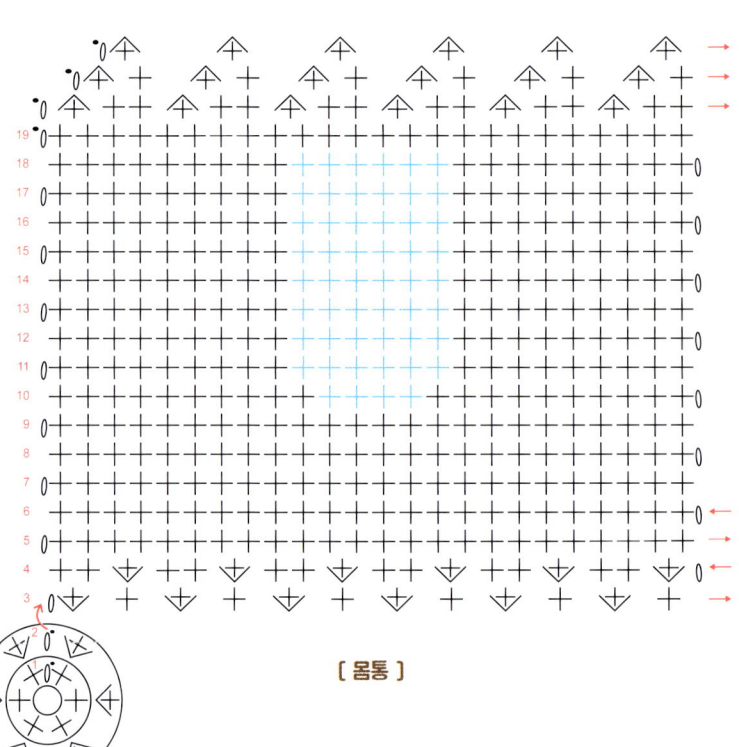

[몸통]

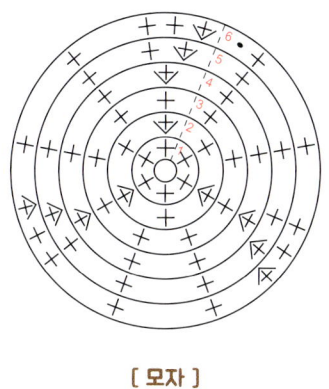

[모자]

[주둥이]

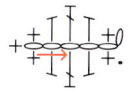

[날개X2]

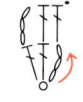

[발X2]

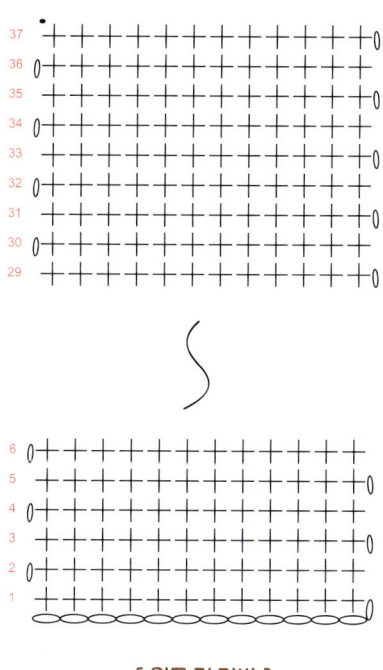

[원목 링 커버]

눈 7단
입 8단
날개 11단

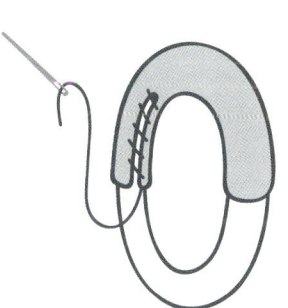

● 도토리 치발기

완성 크기
11×11cm

사용한 실
윌렛Willet 연두색(712번) 조금,
황토색(713번)·짙은 갈색(714번) 10g씩

사용한 바늘
코바늘 5호, 돗바늘

게이지
26코×28단

추가 재료
솜, 방울

[도토리 치발기]

1 도안 배색을 참고해 도토리 6개를 완성한다.
2 13단에서 겸자를 이용해 솜을 집어넣는다. (도토리 하나에는 방울을 넣어도 좋다.)
3 빼뜨기 후 남은 실로 도토리를 그림과 같이 연결한다.

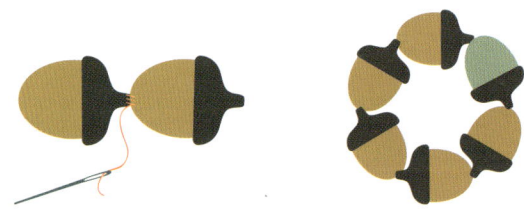

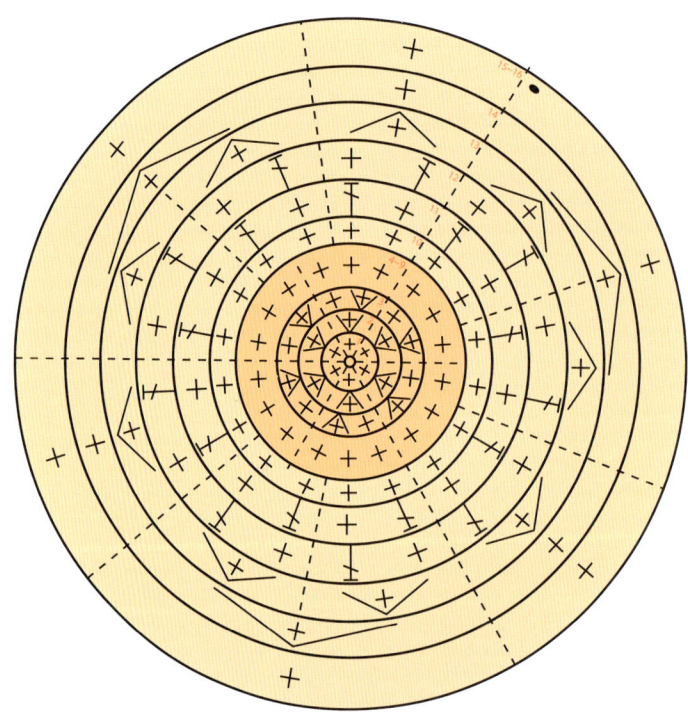

[도토리X6]

Pacifier Accessories
노리개 클립

How to make

※연결이 필요한 부분은 실을 20cm 정도 남겨두고 자른다.

1. '끈' 도안과 같이 코바늘로 끈을 만든다.
2. 클립에 끈의 하단 부분을 돗바늘로 꿰매어 연결한다.
3. 아래 도안과 같이 코끼리와 사자 모티프를 만들고 자수실로 얼굴을 수놓은 다음 돗바늘로 클립 위쪽에 꿰매어 연결한다.
4. 사슬 고리 쪽에 노리개 젖꼭지를 단다.

완성 크기
4×29cm(클립 포함)

사용한 실
코끼리 | 윌렛Willet 연두색(712번) · 민트색(710번) 조금씩, 자수실 빨간색, 검은색
사자 | 윌렛Willet 황토색(713번) · 갈색(707번) 조금씩, 자수실 빨간색 · 검은색

사용한 바늘
코바늘 5호, 돗바늘

추가 재료
플라스틱 클립, 노리개 젖꼭지

[코끼리]

꿰맨다

[사자]

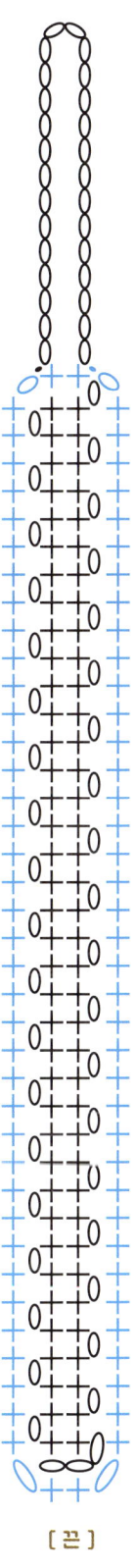

[끈]

115

Black & White Mobile
흑백 모빌

How to make

※ 연결이 필요한 부분은 실을 20cm 정도 남겨두고 자른다. 모티프 뜨기는 132쪽 물결 담요를 참고한다.

1. 양의 몸통은 루프사 2가닥으로 코바늘 10호를 이용해서 만든다. 마지막 단까지 작업하고 솜을 충분히 넣은 후, 일반 모사와 돗바늘을 이용해 끝 코 머리 사이에 실을 통과시키고 오므려 마무리한다.
2. 회색 실과 코바늘 4호로 머리와 귀, 검은색 실로 다리 작업을 한다.
3. 머리에 귀를 달고 머리를 몸통에 연결한다. 다리는 코바늘로 몸통을 통과시키며 달아준다.
4. 목에 방울을 달아준다. 같은 방법으로 양을 4마리 만든다.
5. 플라스틱 모빌대 덮개를 만든다. 우선 도안과 같이 작은 모티프 3개를 모아 큰 모티프 4개를 만들어 연결한 뒤 모빌 지붕 2장을 만든다. (작은 모티프는 검은색과 회색, 흰색을 자유롭게 배치해서 작업한다.)
6. 모빌 지붕 2장을 플라스틱 모빌대를 감싸도록 아래위에 두고 돗바늘로 연결한다.
7. 양을 모빌 지붕 각 모서리에 실로 연결해서 달아준다.

완성 크기
약 30×50cm

사용한 실
모빌 지붕 | 치카디Chickadee
흰색(101번) · 검은색(102번) ·
회색(104번) 10g씩
양 몸통 | 소노모노 루프 Sonomono Loop
흰색(51번) 80g
양 머리 | 치카디Chickadee
회색(104번) 조금
양 다리 | 치카디Chickadee
검은색(102번) 조금

사용한 바늘
코바늘 4 · 10호, 장갑 바늘 4mm,
돗바늘

추가 재료
솜, 플라스틱 모빌대, 방울

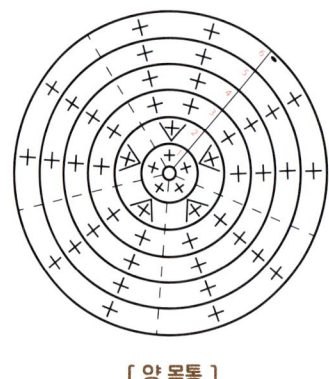
[양 몸통]

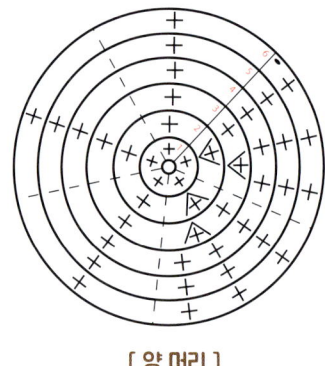
[양 머리]

[양 귀X2]

[양 다리X2]

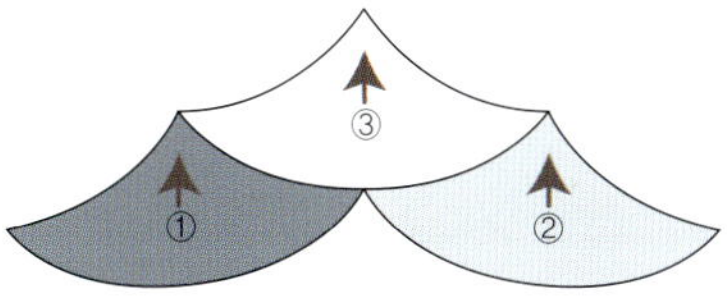

[큰 모티프]

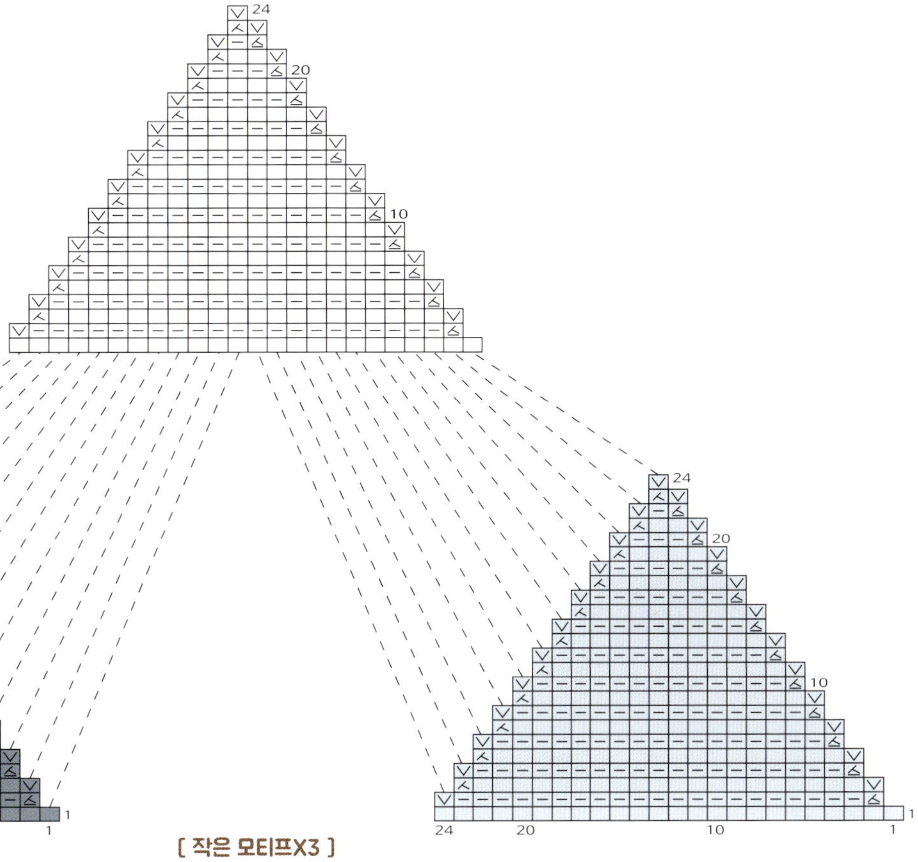

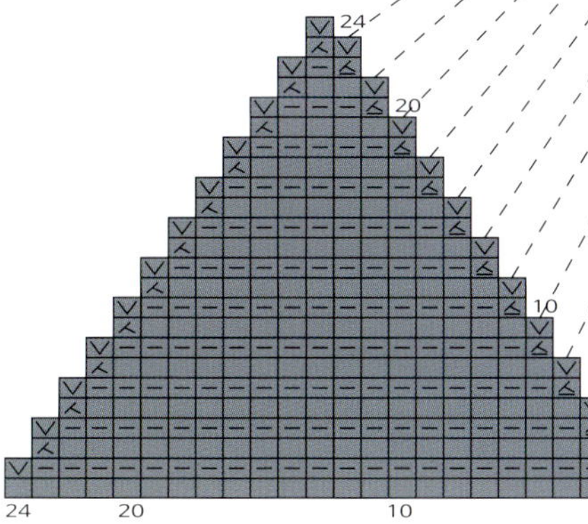

[작은 모티프X3]

[모빌 지붕]

[모빌 지붕 연결]

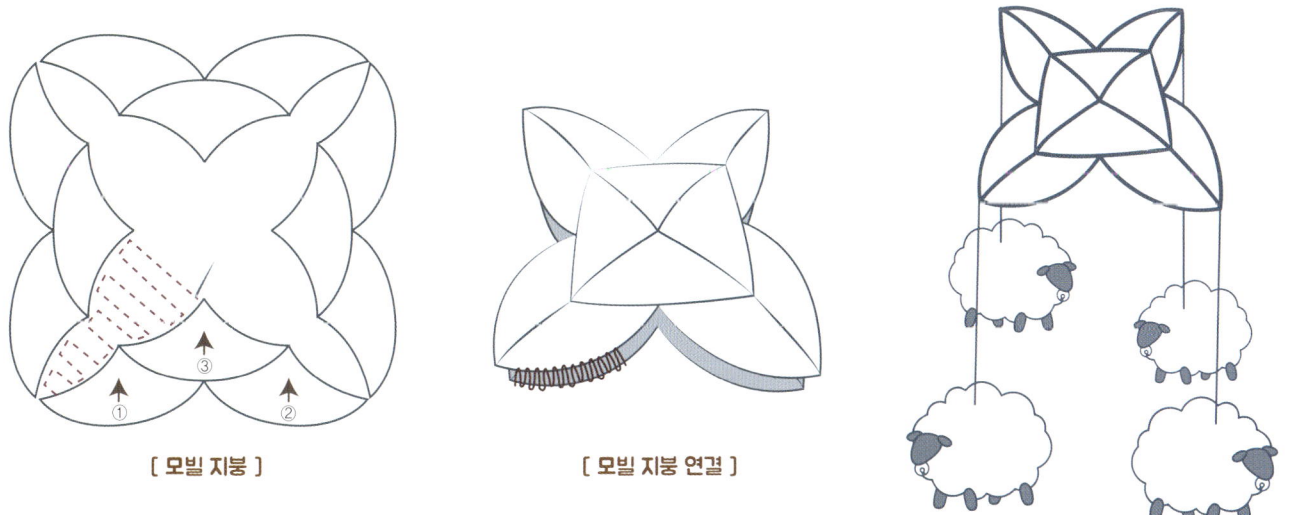

Colorful Mobile
컬러 모빌

How to make

※ 연결이 필요한 부분은 실을 20cm 정도 남겨두고 자른다.

달팽이 만들기

1. 달팽이 집은 도안과 같이 2장을 만들어서 돗바늘로 연결한다. 연결할 때 몇 코를 남겨두고 솜을 넣은 다음 마저 꿰맨다.
2. 달팽이 몸도 도안과 같이 만들고 솜을 넣어 마무리한다.
3. 달팽이 몸 위에 달팽이 집을 돗바늘로 연결한다.

완성 크기
약 30×50cm

사용한 실
퀸스 앤 코 라크 Quince & co. Lark
물방울 | 하늘색(106번)
달팽이 | 연두색(131번), 하늘색(106번), 갈색(170번)
병아리 | 노란색(125번), 주황색(136번)
도토리 | 고동색(121번), 연갈색(144번)
버섯 | 빨간색(132번), 흰색(101번)
나무 | 초록색(174번), 갈색(170번)
각각 10g 정도씩
폼폼 | 다양한 색상의 자투리 실 조금

사용한 바늘
코바늘 7호, 돗바늘

추가 재료
솜, 원목 모빌 틀

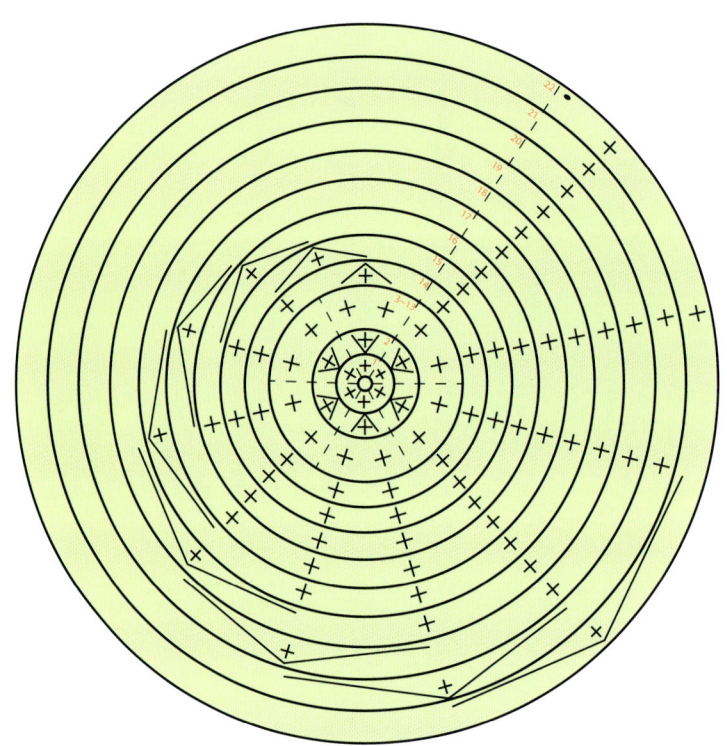

[달팽이 몸]

[달팽이 집 X2]

병아리 만들기

1. 병아리 몸통을 도안과 같이 만든다.
2. 병아리 날개와 주둥이도 도안과 같이 만든다.
3. 그림에 표시된 위치에 눈, 주둥이, 날개를 달아 완성한다.

버섯 만들기

1. 빨간색 실로 1~8단을 뜬다.
2. 흰색 실로 바꿔 9단을 이랑뜨기 한 후 15단까지 도안과 같이 만든다.
3. 솜을 충분히 채우고 16단을 떠서 마무리한다.
4. 돗바늘을 이용해 흰색 점을 매듭으로 수놓는다.

[병아리 몸]

 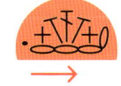

[병아리 날개X2]   [병아리 주둥이]

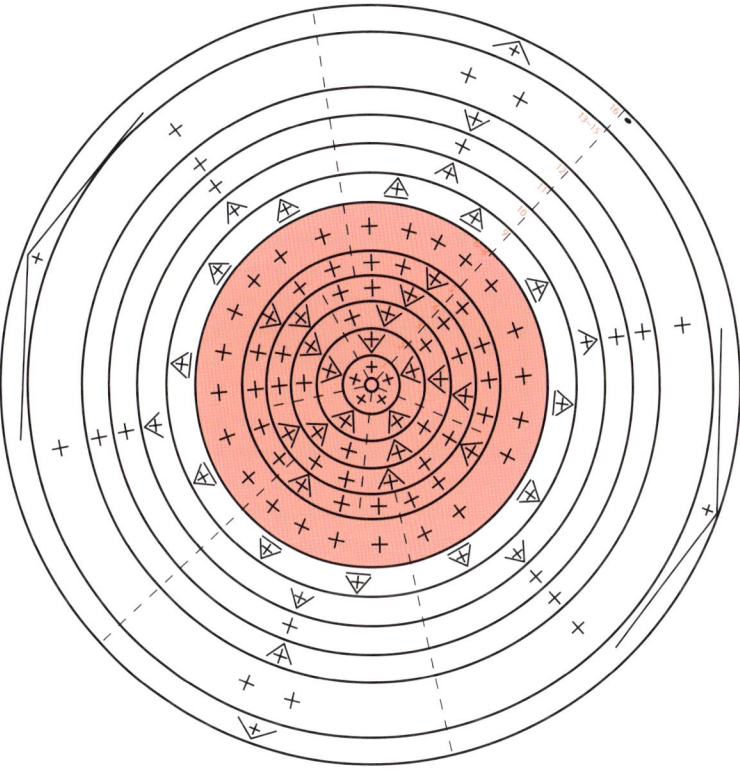

[버섯]

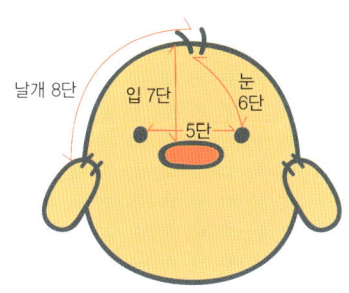

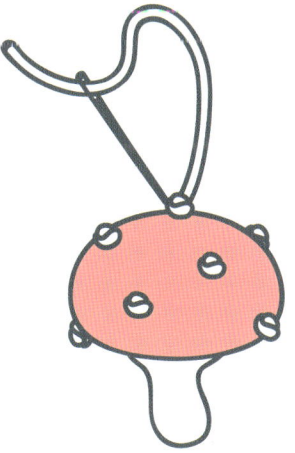

물방울 만들기

도안과 같이 만들고 솜을 채워 완성한다.

도토리 만들기

1. 연갈색 실로 9단까지 뜨고, 고동색 실로 10~13단까지 뜬 다음 솜을 채운다.
2. 고동색 실로 14~16단까지 마저 뜬다.

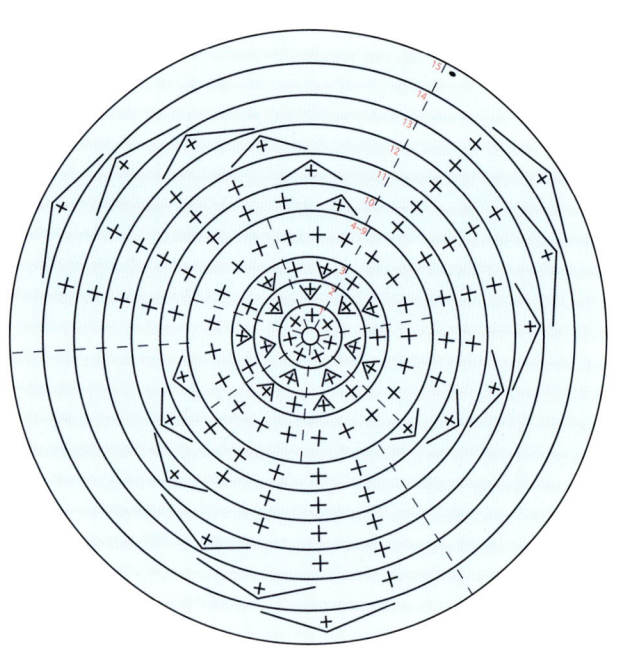

[물방울]

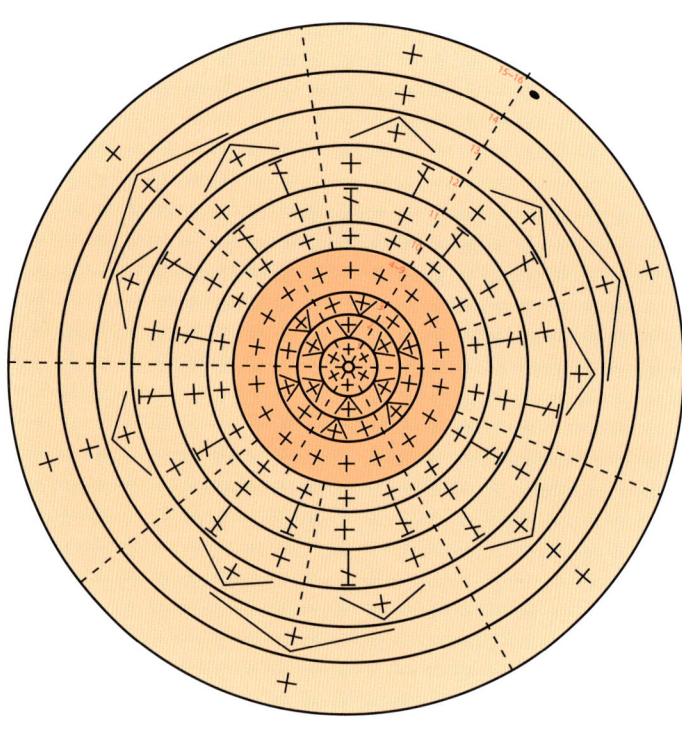

[도토리]

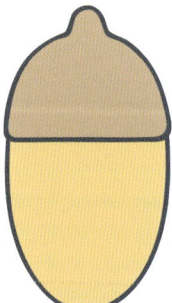

나무 만들기

1 나무의 원뿔과 바닥 부분을 초록색으로 뜨고 솜을 채운 후 돗바늘로 연결한다.
2 나무의 기둥을 갈색으로 떠서 바닥 부분에 돗바늘로 연결한다.
3 빨간색 실로 사과 열매 모양이 되도록 매듭으로 수놓고, 초록색 실로 꼭지 모양이 되도록 수놓는다.

폼폼 만들기

1 두꺼운 종이를 그림과 같은 모양으로 자르고, 원하는 두께만큼 실을 감는다.
2 가운데를 실로 단단하게 묶고 종이를 빼낸다.
3 양쪽 고리 끝부분을 가로로 자른 후 동그랗게 다듬는다.

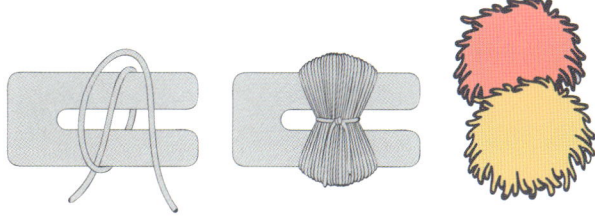

연결하고 마무리하기

1 각 부분마다 솜을 채워 모양을 만든다.
2 원목 모빌 틀에 길이가 다른 실을 연결하고 각 아이템을 단다.
3 장식 폼폼을 여러 개 만들어 중앙에 단다.

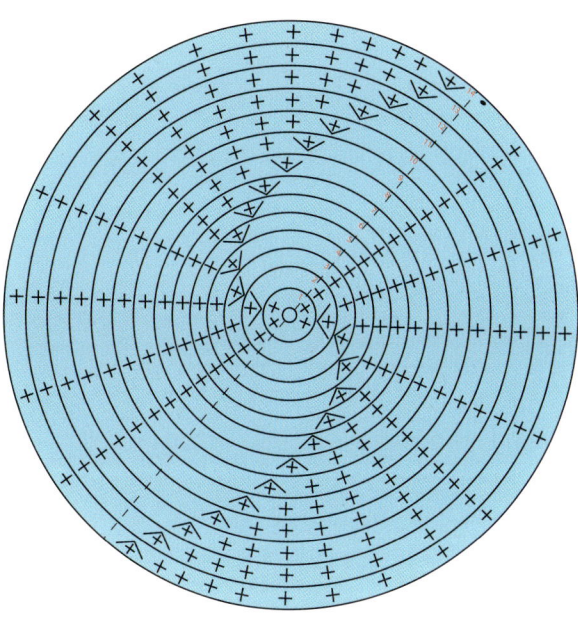

[나무-원뿔]

[나무-원뿔 바닥]

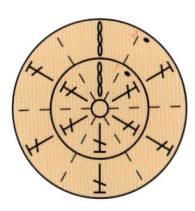

[나무-원뿔 기둥]

Acorn Family
도토리 인형

완성 크기
뚱뚱한 도토리 13×19cm, 날씬한 도토리 10×19cm, 꼬마 도토리 9×14cm

사용한 실(인형 3개 분량)
라크Lark 코코아색(119번) 50g, 짙은 갈색(120번) 40g

사용한 바늘
장갑 바늘 4.5mm, 돗바늘

추가 재료
인형 눈알, 솜

How to make

1. 도토리 몸통은 코코아색으로 장갑 바늘을 이용해 원형뜨기로 작업한다.
2. 마지막 단까지 뜨고 나면 솜을 채운 다음 코를 덮어 마무리한다. 몸통 시작 부분에 있는 짧은 실을 돗바늘을 이용해 오른쪽 그림과 같이 시작코 사이로 통과시키고 조인다.
3. 도토리깍정이는 짙은 갈색으로 장갑 바늘을 이용해 원형뜨기로 작업한다.
4. 깍정이의 꼭지 부분은 아이코드 뜨기(74쪽)로 겉뜨기를 5회 해서 만들고, 돗바늘을 코 사이로 통과시키고 조인다.
5. 몸통과 깍정이를 오른쪽 그림과 같이 몸통의 끝단으로부터 3번째 단에 맞물리게 놓고 돗바늘로 꿰맨다. 3분의 2 정도 꿰매고 솜을 채운 다음 마저 꿰맨다.
6. 인형 눈알을 붙이고 입은 수놓아 만든다.

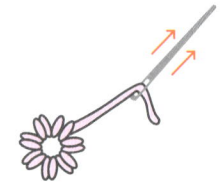

[시작코 조이기]

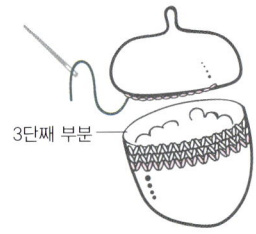

[연결하기]

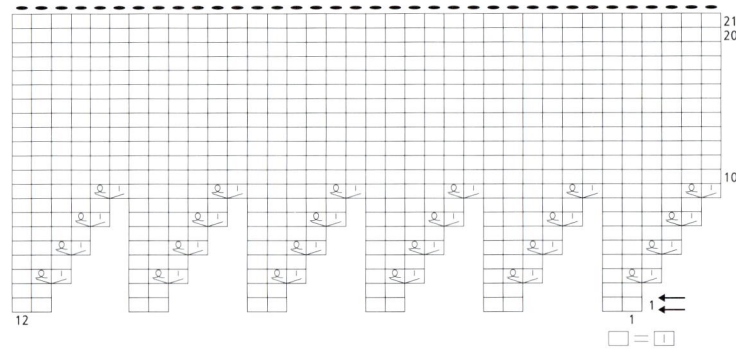

[꼬마 도토리 몸통]

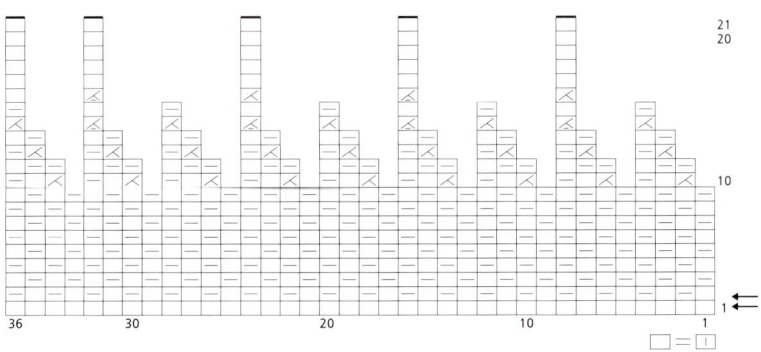

[꼬마 도토리 깍정이]

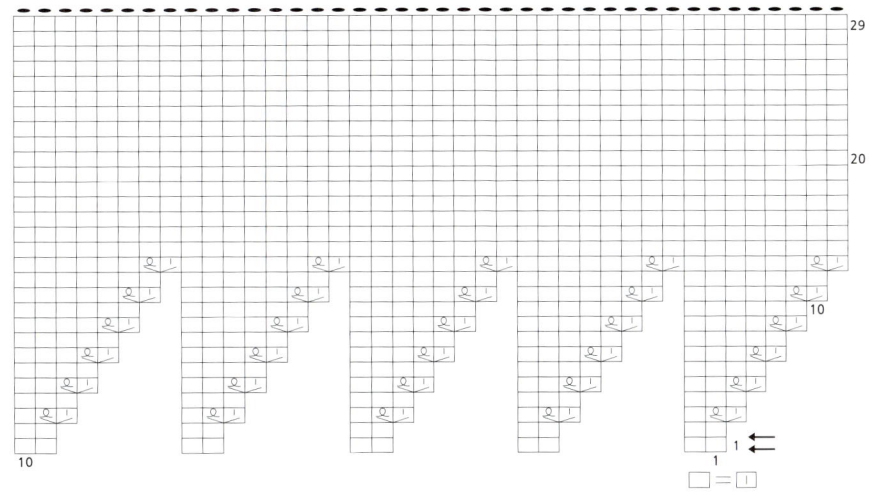

[날씬한 도토리 몸통]

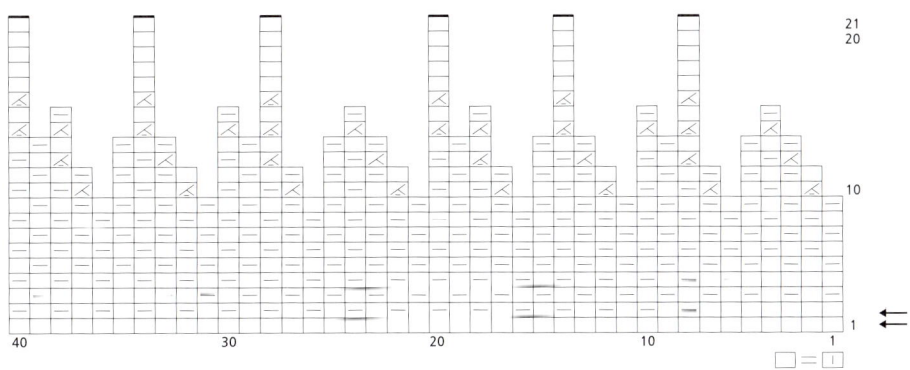

[날씬한 도토리 깍정이]

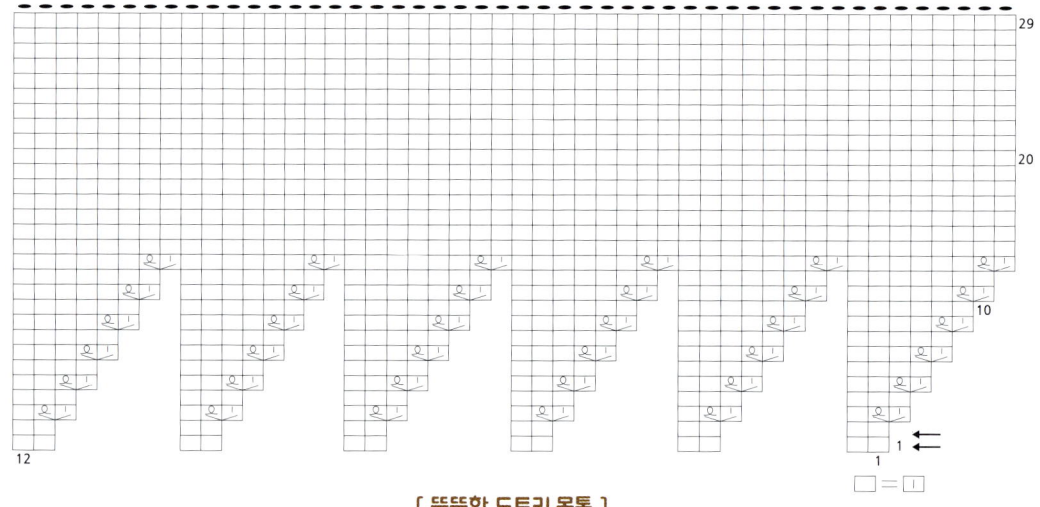

[뚱뚱한 도토리 몸통]

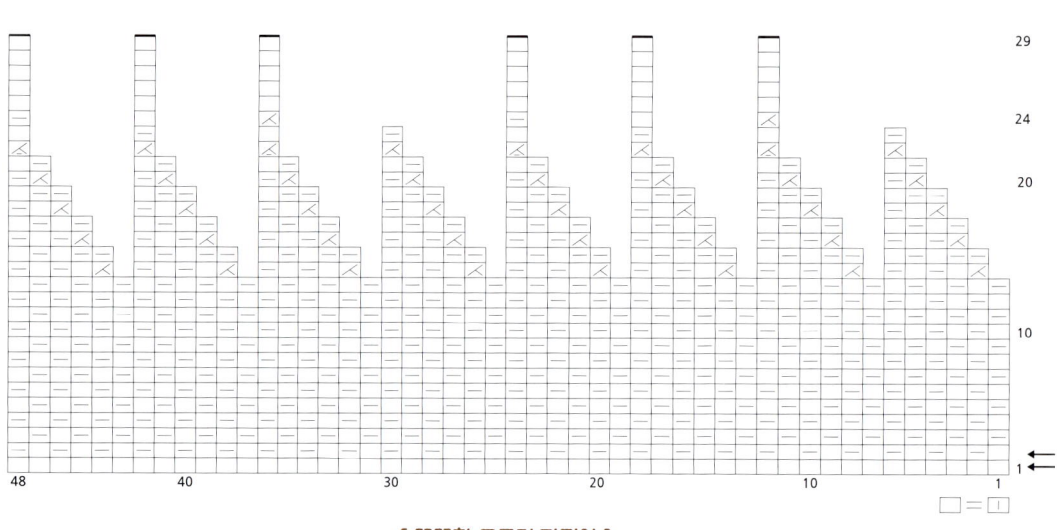

[뚱뚱한 도토리 깍정이]

Teddy Bear
곰 인형

완성 크기
15×25cm

사용한 실
인형 | 몽실 베이지색(122번) 50g
퀸스 앤 코 라크Quince & co. Lark
다양한 색상의 자투리 실
인형 옷 | 퀸스 앤 코 라크Quince & co.
Lark 하늘색(106번) 25g

사용한 바늘
장갑 바늘 4.5mm, 코바늘 6호,
돗바늘

게이지
18코×22단

추가 재료
플라스틱 키링, 이니셜 참, 솜

How to make

인형

1. 원형뜨기로 다리 2개를 만들어 나란히 놓고 원형뜨기로 몸통을 이어서 뜬다. 머리까지 이어서 메리야스뜨기로 작업한다.
2. 55단까지 작업하고 56단에서 5코 겉뜨기(A), 2코 코막음, 10코 겉뜨기(B), 2코 코막음, 5코 겉뜨기(A)를 한다.
3. 중간의 10코(B)는 다른 바늘에 옮겨두고 시작과 끝에 작업한 10코(A)를 연결해 원형으로 귀를 만든다.
4. 남겨둔 10코도 같은 방법으로 작업한다.
5. 중간의 코막음 위치에 솜을 채우고 돗바늘로 꿰맨다.
6. 코바늘로 눈과 코, 볼 터치를 만들어 얼굴을 완성한다.
7. 입은 자투리 검은실을 사용해 박음질(백스티치)로 수놓는다.
8. 팔도 원형뜨기로 도안과 같이 작업한 뒤 코를 덮어 마무리하고 솜을 채워 돗바늘로 몸에 연결한다.
9. 장식 볼과 이니셜 참, 플라스틱 키링을 달아 완성한다.

[장식 볼 A]

[장식 볼 B, D]

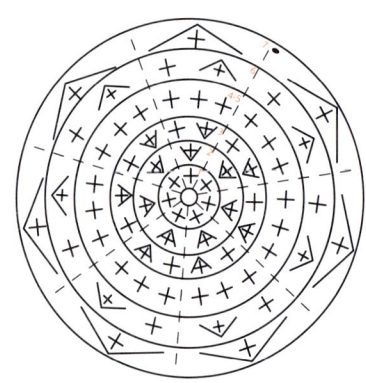

[장식 볼 C]

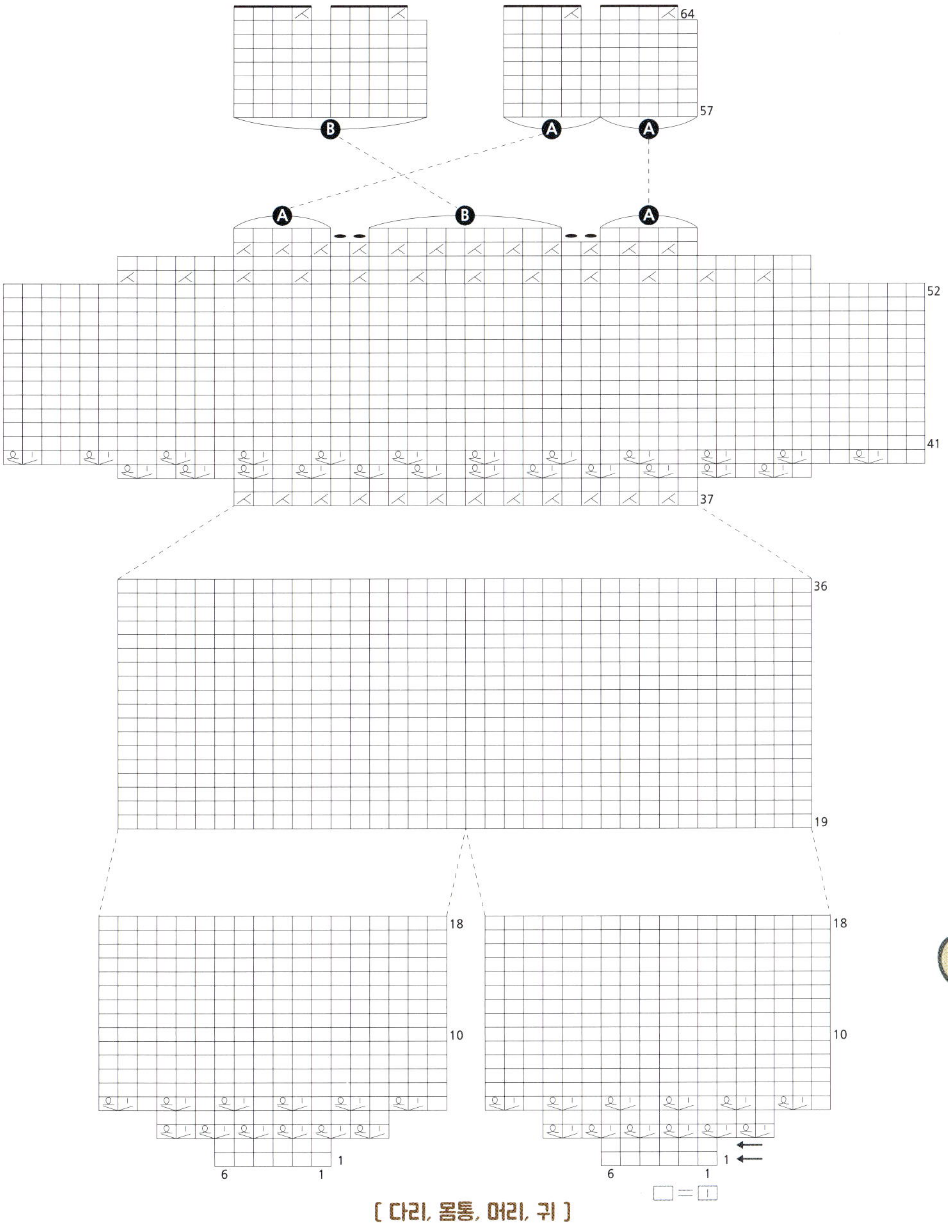

[다리, 몸통, 머리, 귀]

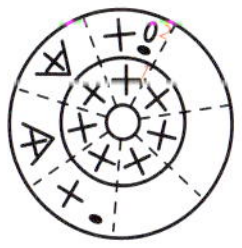

1단은 검은색
2단은 흰색

[눈X2]

[볼 터치X2]

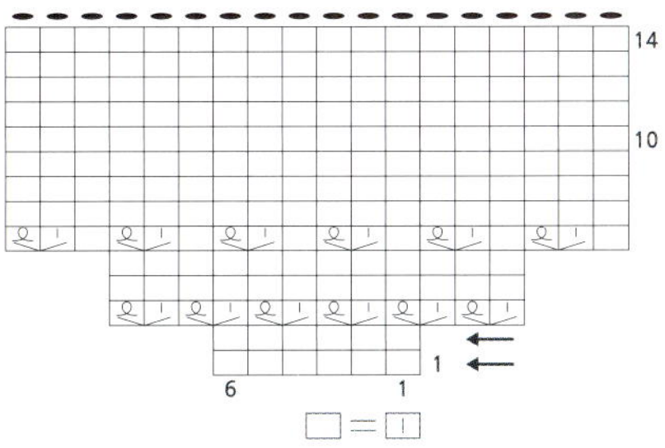

[팔X2]

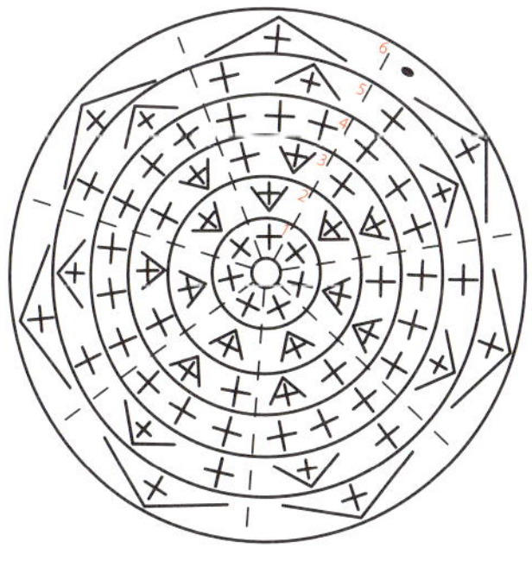

[코]

127

인형 바지

1. 코바늘로 사슬코를 50개 만들어 원형으로 연결하고 9단까지 짧은뜨기를 뜬다. 10단에서 다리 부분을 분리하고 따로 떠서 바지 모양을 만든다.
2. 바지의 상단과 하단 부분에 테두리를 뜨고 마무리한다.

인형 조끼

1. 코바늘로 사슬코를 만들어 조끼 하단부터 뜬다.
2. 5단에서 팔이 들어가도록 각 부분을 분리해서 12단까지 뜨고, 13단부터 전체를 연결해서 뜬다.
3. 테두리를 짧은뜨기로 뜨고 앞 묶음 장식을 달아 마무리한다.

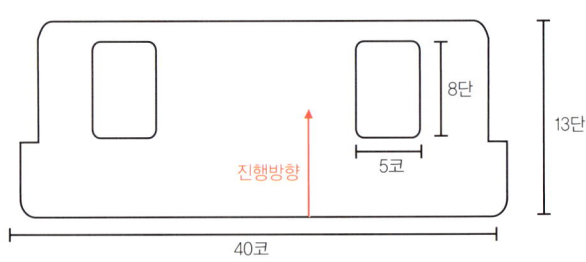

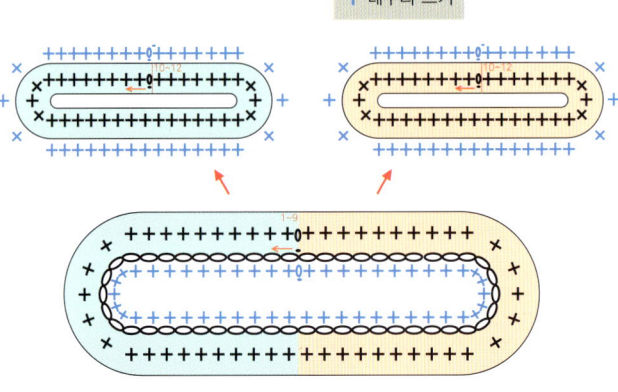

[바지]

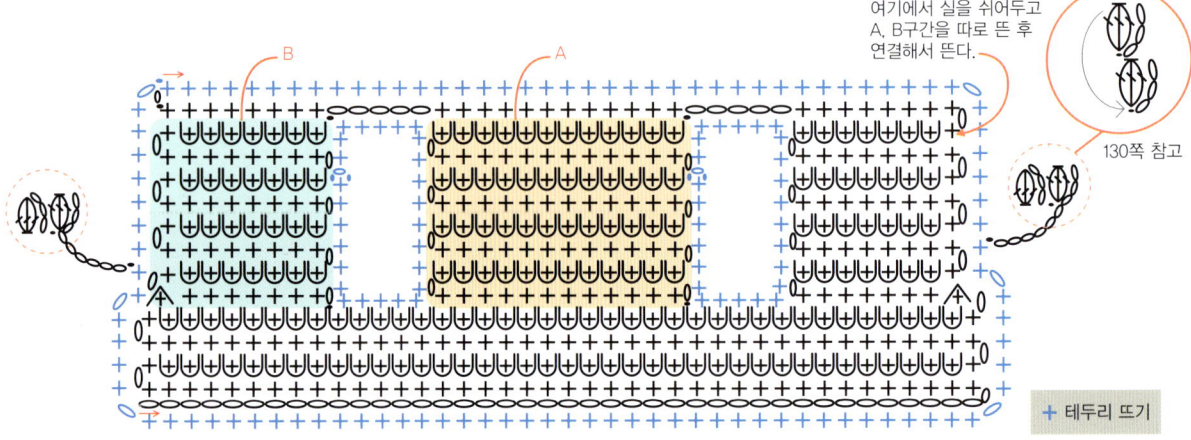

[조끼]

Yellow Lace Blanket
노란 레이스 담요

완성 크기
57×66cm

사용한 실
치카디Chickadee 레몬색(124번) 200g,
검은색(102번) 50g

사용한 바늘
코바늘 5호

무늬 게이지
5×5cm

How to make

1. 레몬색 실로 사슬코 134개를 만든다.
2. 도안과 같이 [무늬 11개+2코]가 되는 것을 확인하며 79단까지 뜬다. 세로로는 무늬가 총 13개다.
3. 블랭킷 본판이 마무리되면 검은색 실로 도안과 같이 테두리를 만든다.

※ 완성 후 낮은 온도(울 모드)로 스팀 다림질을 한다.

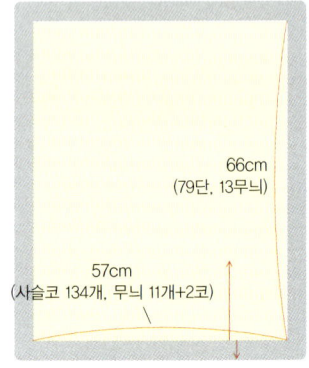

66cm
(79단, 13무늬)

57cm
(사슬코 134개, 무늬 11개+2코)

테두리 방울 뜨는 방법

❶ 사슬코를 6개 만들고 4번째 사슬에 실을 걸어 넣는다.

❷ 미완성의 한길긴뜨기 3개를 작업해서 첫 번째 구슬뜨기를 완성한다.

❸ 이어서 사슬 3개를 작업한다.

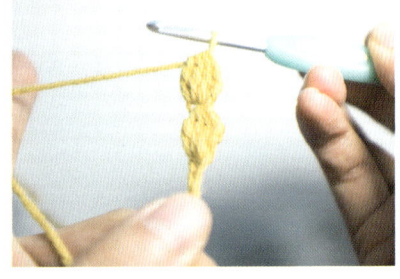

❹ 두 번째 구슬뜨기를 완성한다.

❺ 두 번째 구슬을 접어 ❶에서 작업한 사슬코에 빼뜨기를 한다.

❻ 테두리의 방울을 완성한 모습.

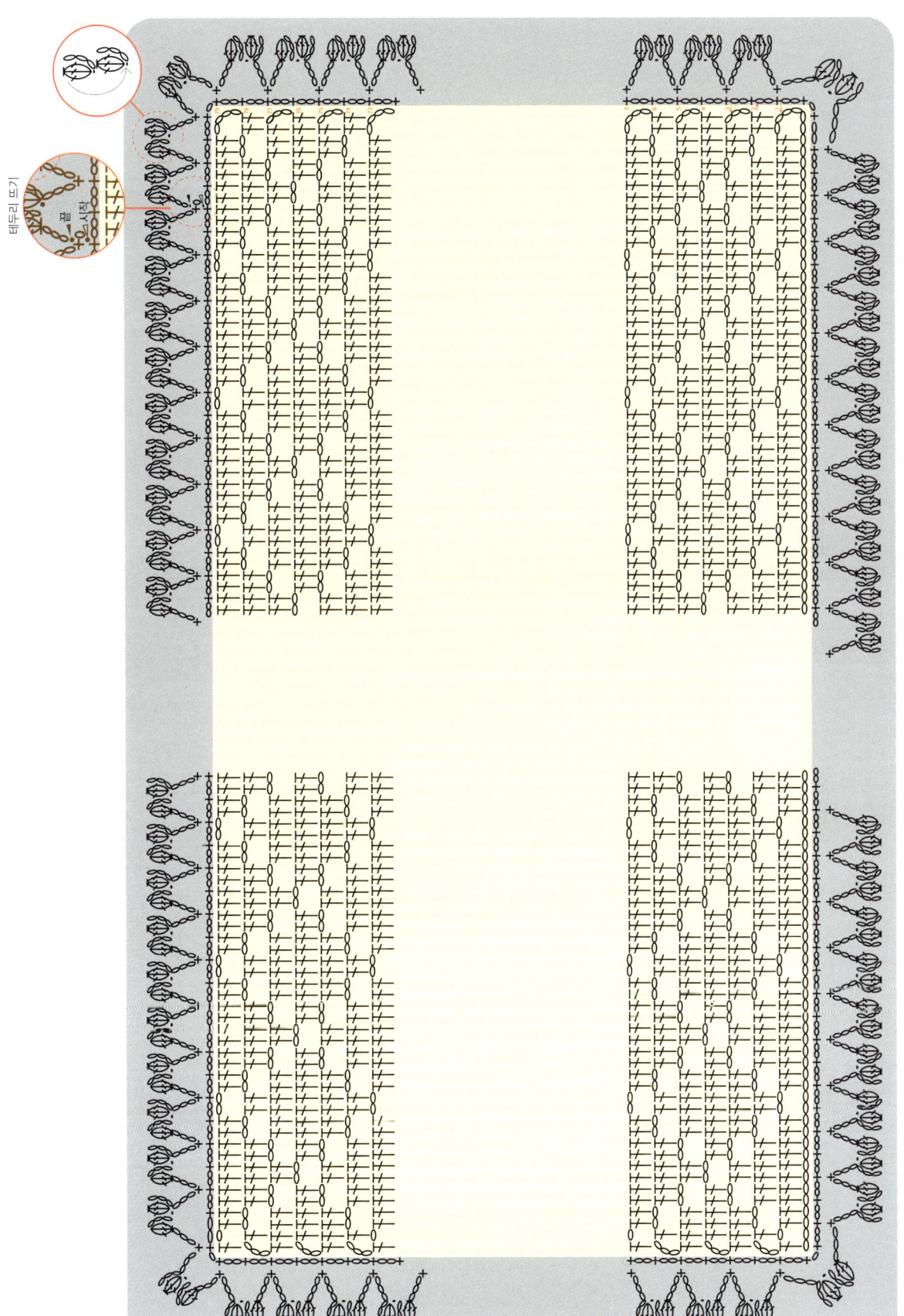

Wave Pattern Blanket
물결 담요

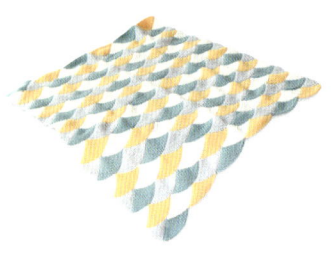

완성 크기
78×75cm

사용한 실
치카디Chickadee 흰색(101번)·민트색(106번)·노란색(125번)·회색(153번) 150g씩

사용한 바늘
장갑 바늘 4mm, 돗바늘

게이지
모티프 1개 크기 13×6cm

How to make

1 첫 줄에 들어갈 모티프를 원하는 개수만큼 만든다.
2 모티프 2개를 놓고 그 사이에서 코를 주워 연결해 떠 나간다.
3 양쪽 끝부분의 모티프는 절반의 코만 주워 뜬다.
4 홀수 줄에서 마무리한다.
※ 낮은 온도(울 모드)에서 스팀 다림질을 한다.

첫 줄 모티프

1단	30코를 만든다.
2단	첫 코를 걸러뜨기하고 마지막 2코가 남을 때까지 겉뜨기를 한다. 마지막 2코는 왼코 겹쳐 2코 모아뜨기를 한다.
3~29단	2단의 과정을 마지막 2코가 남을 때까지 반복한다.
30단	2코가 남으면 왼코 겹쳐 모아뜨기를 하고 코 사이로 실을 통과시켜 마무리한다.

두 모티프 사이에서 코 주워 뜨기

1단	두 모티프에서 코를 15개씩 주워 30코를 만든다.
2단	첫 코를 걸러뜨기하고 마지막 2코가 남을 때까지 겉뜨기를 한다. 마지막 2코는 왼코 겹쳐 2코 모아뜨기를 한다.
3~29단	2단의 과정을 마지막 2코가 남을 때까지 반복한다.
30단	2코가 남으면 왼코 겹쳐 모아뜨기를 하고 마무리한다.

오른쪽 끝부분에서 코 주워 뜨기

1단	아랫줄 가장 오른쪽에 있는 모티프에서 15코를 주워 15코를 만든다.
2~4단	첫 코를 걸러뜨기하고 끝까지 겉뜨기를 한다.
5단	첫 코를 걸러뜨기하고 마지막 2코가 남을 때까지 겉뜨기를 한다. 마지막 2코는 왼코 겹쳐 2코 모아뜨기를 한다.
6단	첫 코를 걸러뜨기하고 끝까지 겉뜨기를 한다.
7~30단	5~6단의 과정을 마지막 2코가 남을 때까지 반복한다.
31단	2코가 남으면 왼코 겹쳐 모아뜨기를 하고 마무리한다.

왼쪽 끝부분에서 코 주워 뜨기

1단	아랫줄 가장 왼쪽에 있는 모티프에서 15코를 주워 15코를 만든다.
2~3단	첫 코를 걸러뜨기하고 끝까지 겉뜨기를 한다.
4단	첫 코를 걸러뜨기하고 마지막 2코가 남을 때까지 겉뜨기를 한다. 마지막 2코는 왼코 겹쳐 2코 모아뜨기를 한다.
5단	첫 코를 걸러뜨기하고 끝까지 겉뜨기를 한다.
6~29단	4~5단의 과정을 마지막 2코가 남을 때까지 반복한다.
30단	2코가 남으면 왼코 겹쳐 모아뜨기를 하고 마무리한다.

마지막 줄 모티프 마무리하기

1단 블랭킷의 겉면 마지막 줄의 두 모티프가 만나는 지점에서 1코씩 주워 2코를 만든다.

2단 첫 코를 걸러뜨기하고 남아 있는 코를 겉뜨기한 다음, 마지막에 아래 모티프에서 한 코를 주워 안뜨기한다.

3단 첫 코를 걸러뜨기하고 남아 있는 코를 겉뜨기한 다음, 마지막에 아래 모티프에서 한 코를 주워 겉뜨기한다.

4~30단 2~3단의 과정을 반복하고 아랫줄 모티프에서 각각 15코씩 주워 총 30코가 될 때까지 진행한다.

마무리 코를 덮어 마무리하고 남아 있는 실을 정리한다.

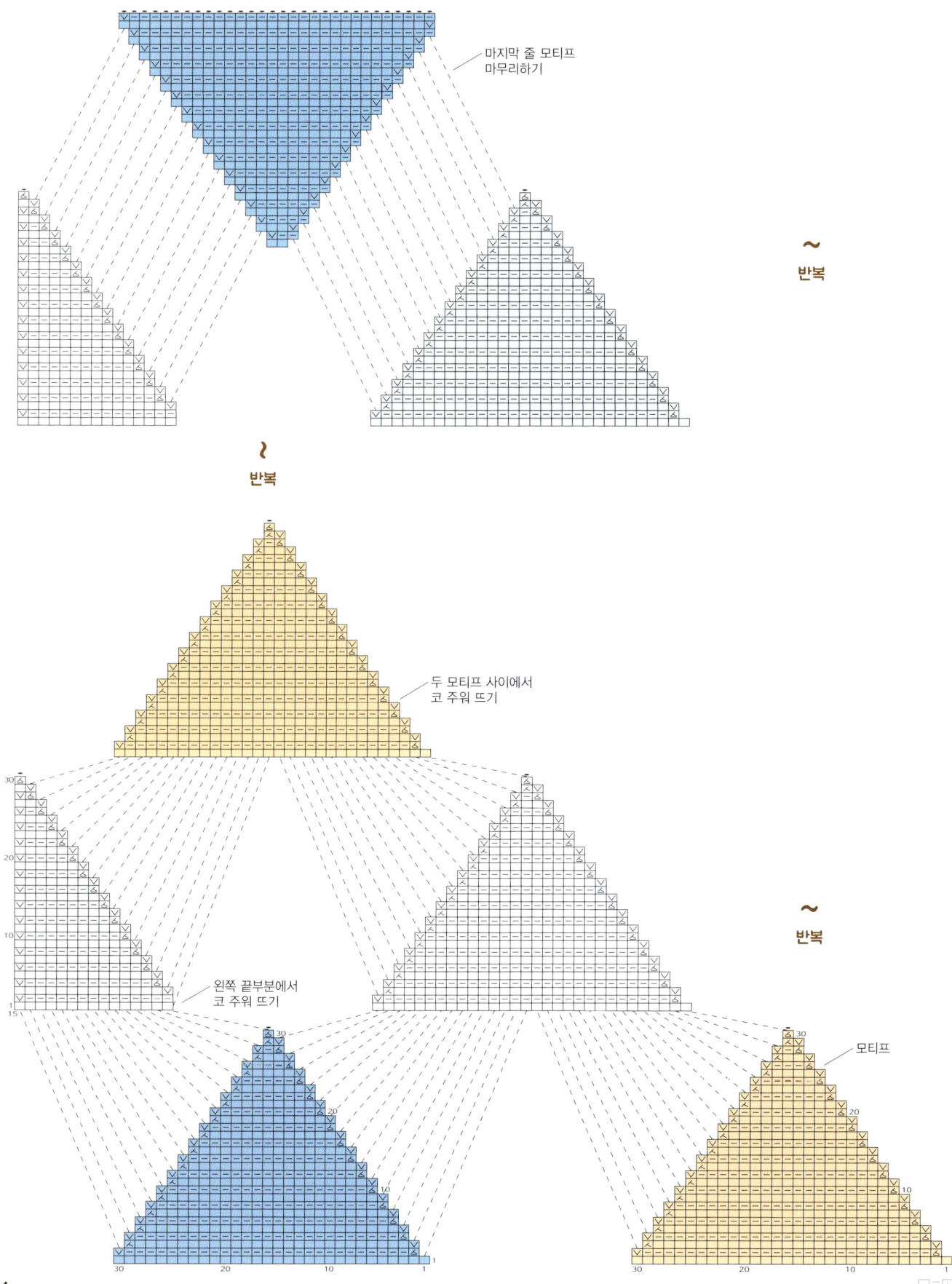

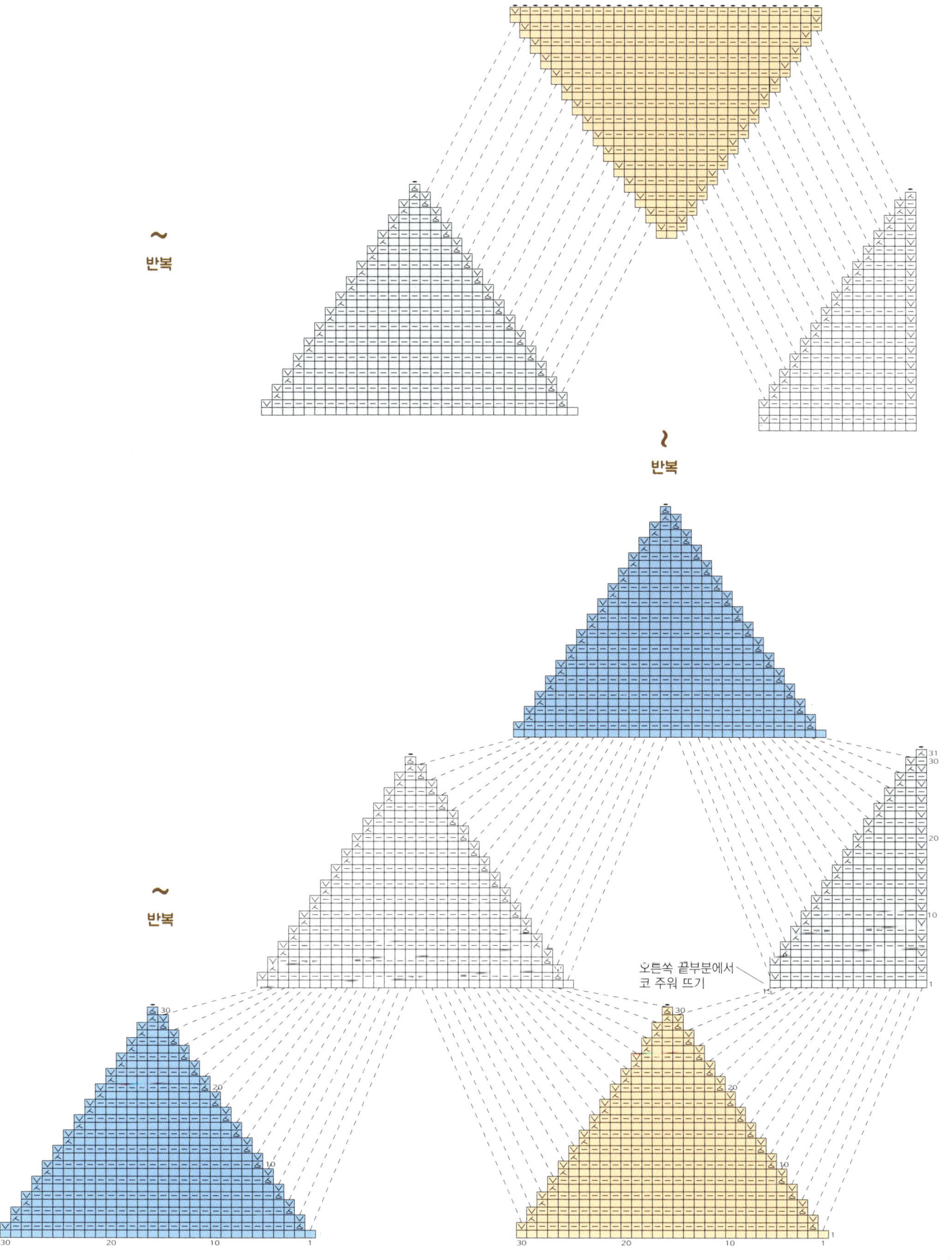

Bolita Vest
조끼

How to make

1. 조끼의 앞판과 뒤판을 도안과 같이 뜨고 테두리 작업까지 한다.
2. 앞판과 뒤판을 뒤집어 그림과 같이 어깨선와 옆선을 돗바늘로 꿰매 연결한다.
3. 앞부분에 여밈 사슬 줄을 만들고 방울을 만들어 단다.

완성 크기
26×25cm

추천 월령
6~12개월

사용한 실
퀸스 앤 코 라크 Quince & co. Lark
겨자색(125번) 150g

사용한 바늘
코바늘 7호

게이지
앞판 20코×22단
뒤판 24코×23단

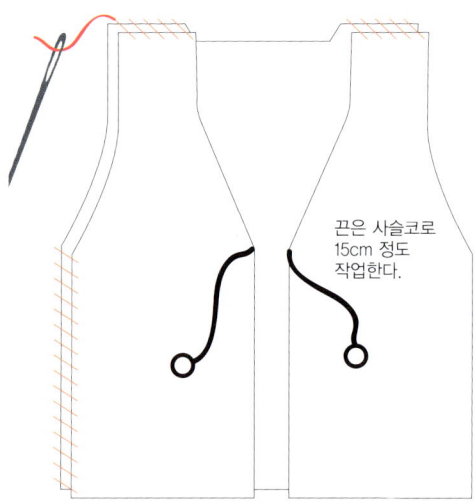

끈은 사슬코로 15cm 정도 작업한다.

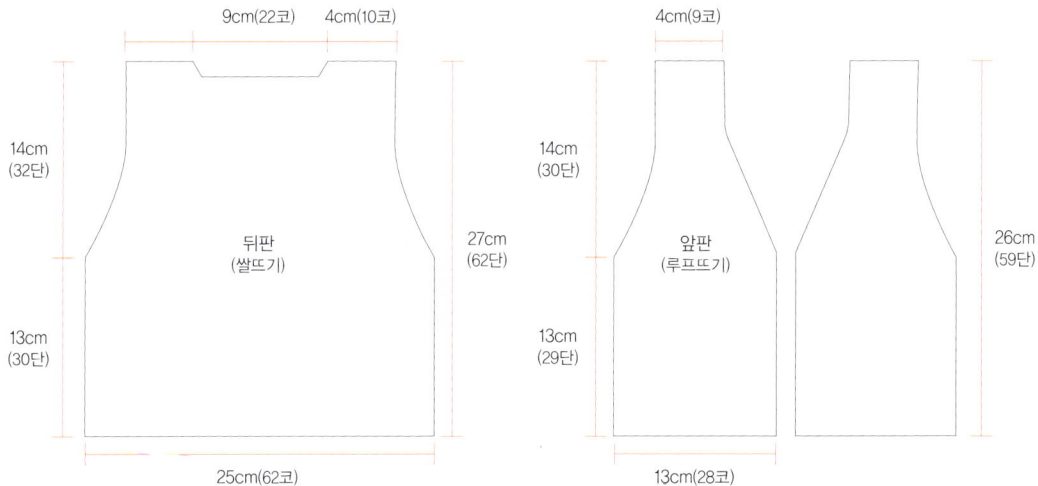

뒤판 (쌀뜨기) — 9cm(22코), 4cm(10코), 14cm(32단), 13cm(30단), 27cm(62단), 25cm(62코)

앞판 (루프뜨기) — 4cm(9코), 14cm(30단), 13cm(29단), 26cm(59단), 13cm(28코)

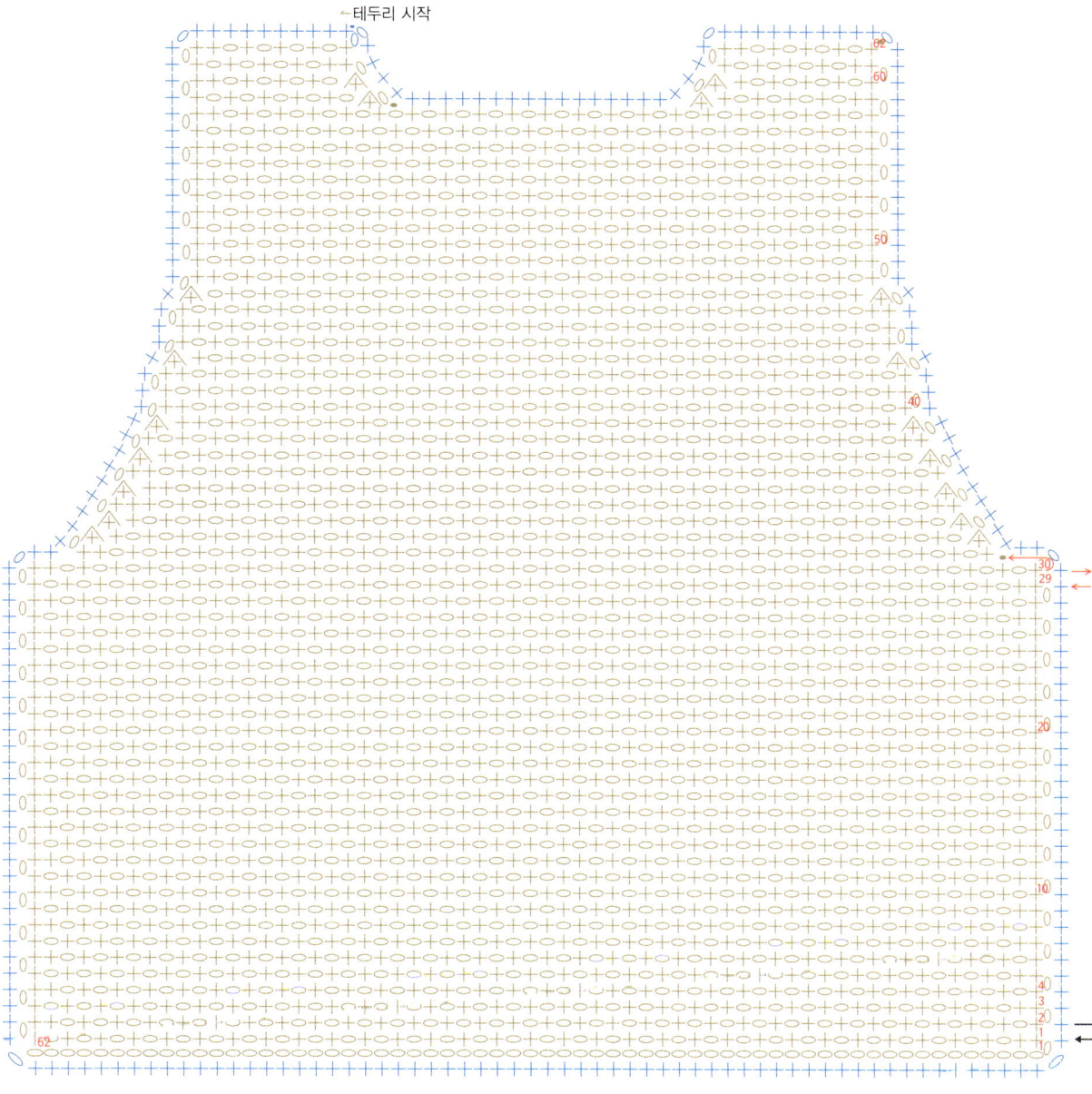

[뒤판]

+ 테두리 뜨기

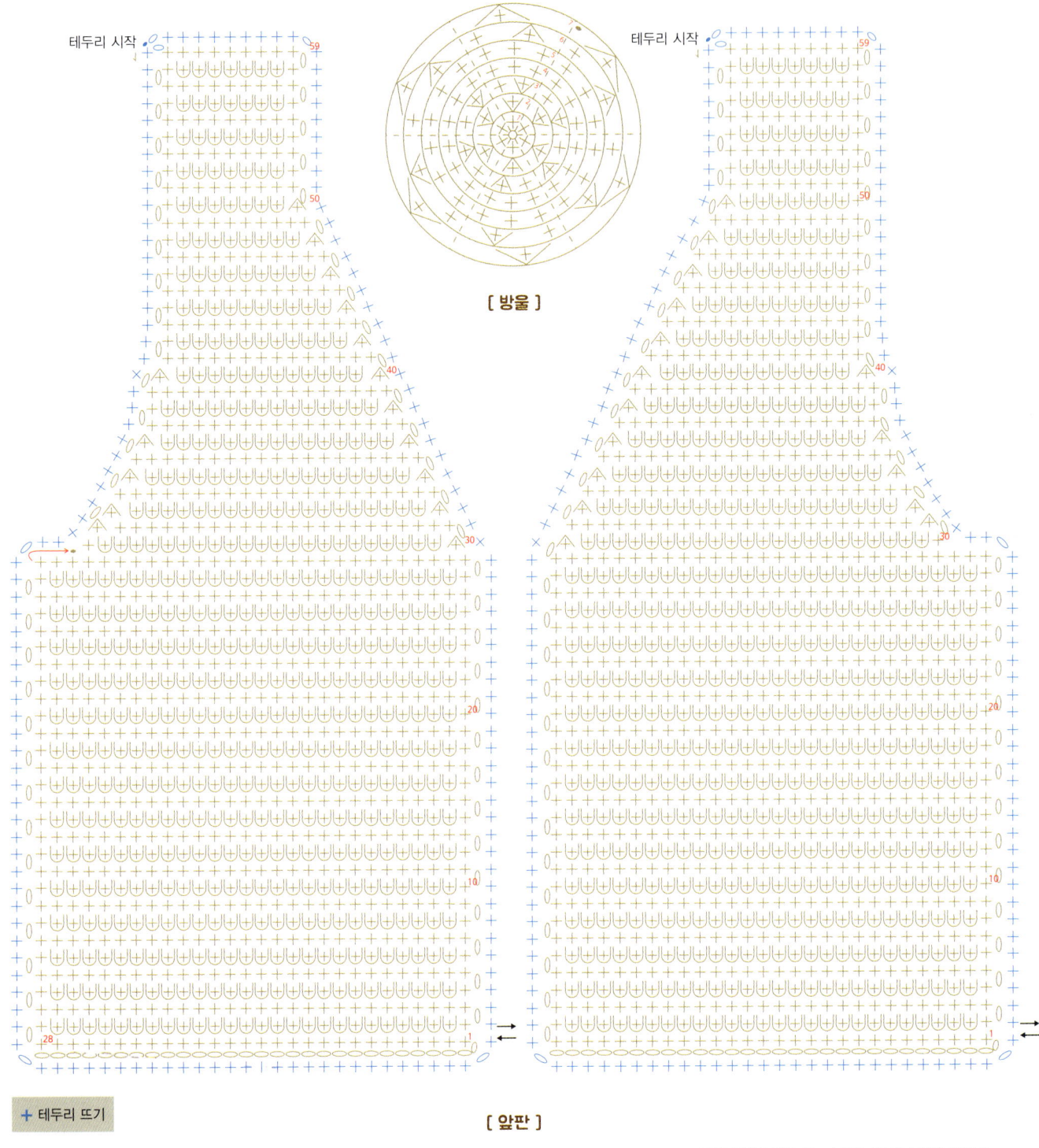

Rompers & Muffler
베이비 롬퍼와 폼폼 목도리

완성 크기
28.5×47cm(끈 길이 포함)

추천 월령
12~18개월

사용한 실
롬퍼 | 치카디Chickadee
어두운 민트색(157번)·오트밀색(148번) 70g씩, 노란색(125번) 조금
목도리 | 치카디Chickadee
어두운 민트색(157번)·오트밀색(148번) 20g씩
폼폼 | 치카디Chickadee
갈색(119번)·분홍색(112번) 조금씩

사용한 바늘
장갑 바늘 4.5·5mm, 코바늘 7호, 돗바늘

게이지
17.5코×26단

How to make

롬퍼
두 가닥의 실을 함께 사용해 멜란지 느낌으로 작업한다.

1. 4.5mm 장갑 바늘로 84코를 만들어 한 코 고무단을 원형뜨기로 16단까지 뜬다.
2. 5mm 장갑 바늘로 바꾸어 도안과 같이 12코를 늘려 메리야스뜨기로 50단을 뜬다.
3. 51단에서 8코를 코막음하고 도안의 위치에서 2코를 늘린 다음 42코를 만든다. 바늘에 14코씩 나누어 옮기고 첫 번째 다리 부분을 뜬다. (남은 코들은 코막음 핀에 옮겨둔다.)
4. 메리야스뜨기 5단, 1코 고무뜨기 20단을 뜨고 코를 덮어 마무리한다.
5. ③에서 코막음 핀에 옮겨둔 코를 다시 바늘에 옮기고 ③과 같은 방법으로 두 번째 다리 부분을 뜬다.
6. 두 다리 사이의 코막음 부분을 돗바늘로 꿰맨다.
7. 어깨끈과 단추를 코바늘로 도안과 같이 만들어 바지의 앞뒤에 돗바늘을 이용해 꿰맨다.

목도리
두 가닥의 실을 함께 사용해 멜란지 느낌으로 작업한다.

1. 13코를 만들어 도안처럼 평면뜨기로 작업한다.
2. 구멍은 도안과 같이 6코씩 10단을 따로 떠서 만들고 다음 단에서 합쳐 원하는 길이만큼 뜨고 마무리한다.
3. 양쪽 끝은 돗바늘을 이용해 하단 부분을 통과시키고 오므린 후 폼폼(만드는 법 121쪽)을 만들어 단다.

※완성 후 낮은 온도(울 모드)로 스팀 다림질을 한다.

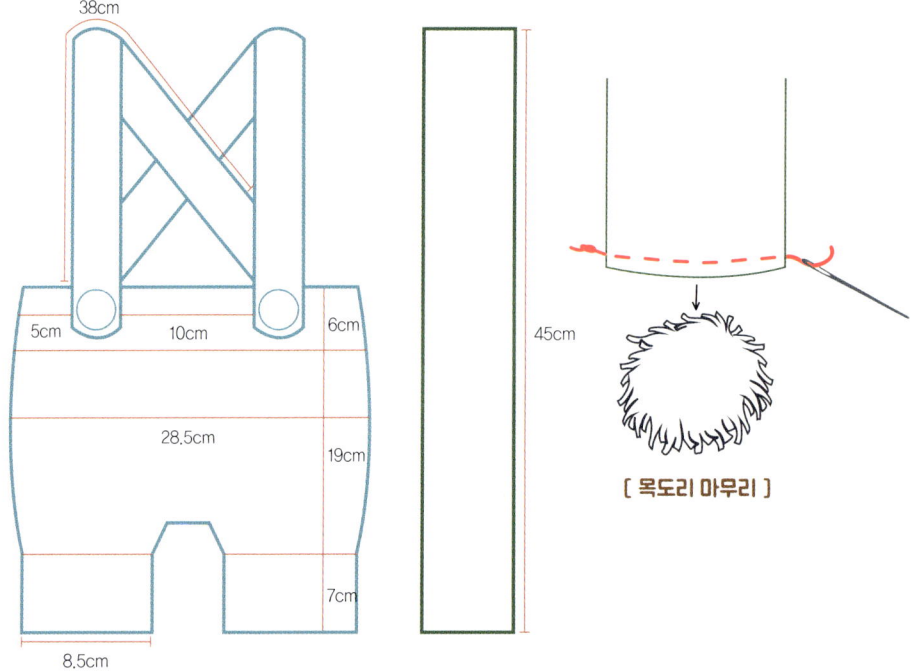

[목도리 마무리]

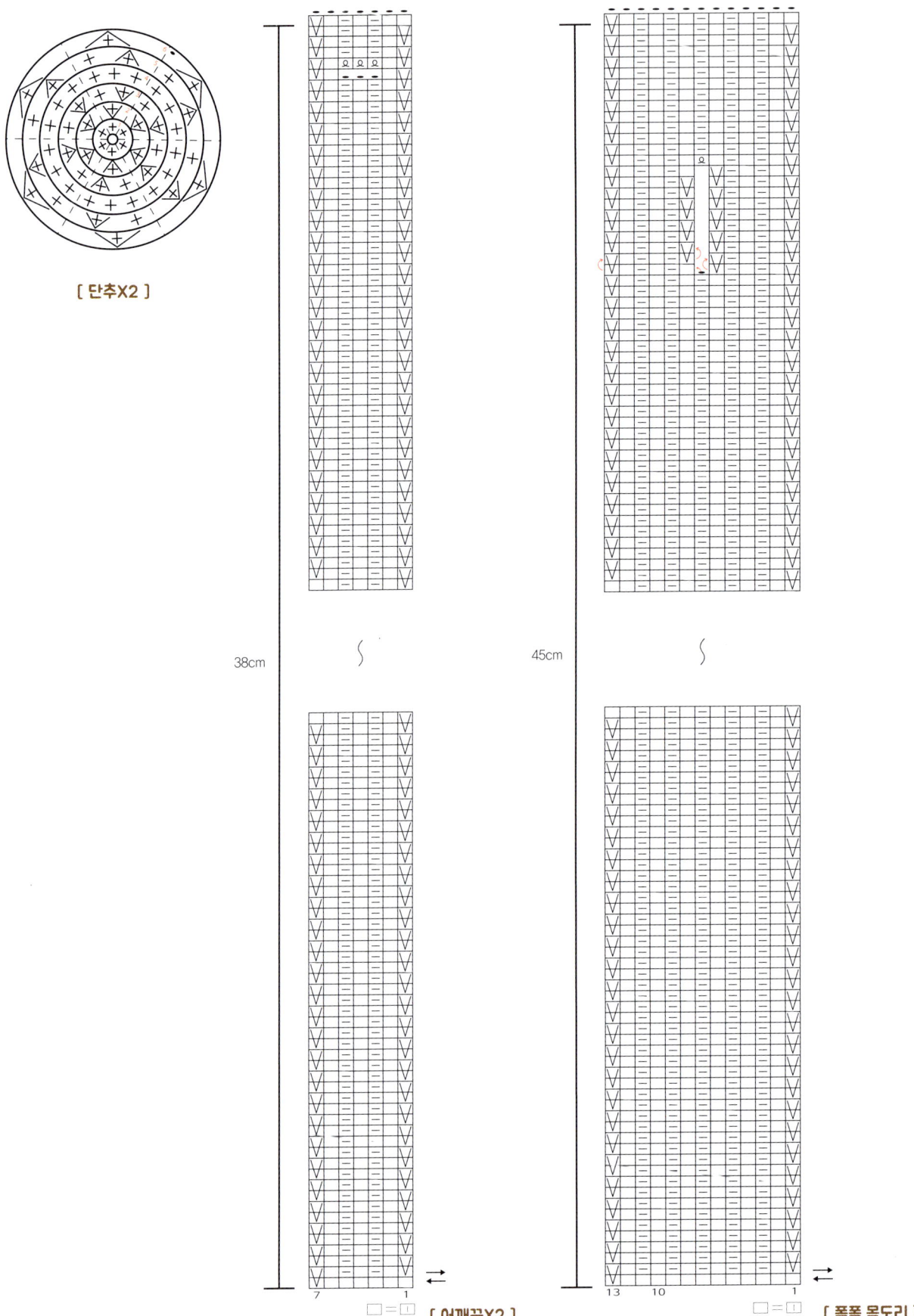

Lace Dress

레이스 원피스

How to make

1. 원피스 치마 부분을 뜨고 바로 이어 상판을 뜬다.
2. 앞판과 뒤판을 모두 작업한다.
3. 어깨선은 코바늘로 덮어씌워 잇기를 하고 옆선은 돗바늘로 연결한다.
4. 목과 암홀 구간에 코바늘로 레이스를 만든다.
5. 뒤판에 사슬코로 단춧구멍을 만들고 단추를 달아 마무리한다.

※ 완성 후 낮은 온도(울 모드)로 스팀 다림질을 한다.

완성 크기
40×43cm

추천 월령
12~24개월

사용한 실
라크Lark 장미색(122번) 150g

사용한 바늘
대바늘 4.5mm, 코바늘 7호, 돗바늘

추가 재료
단추

게이지
레이스 무늬 6.5×4.5cm
꼬아뜨기 22코×27단

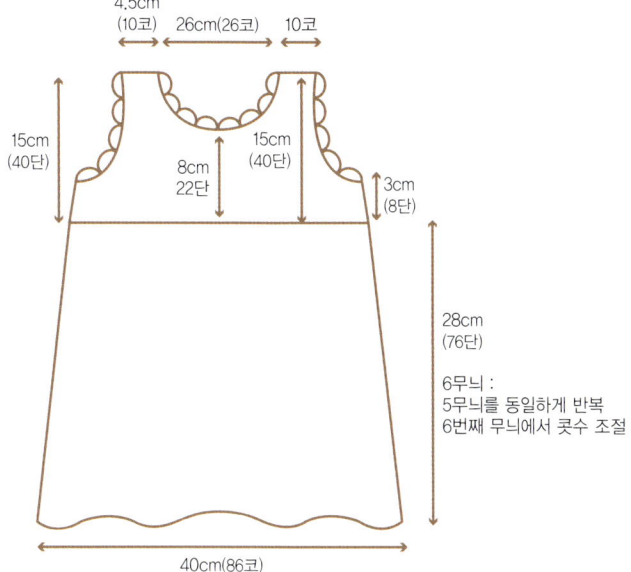

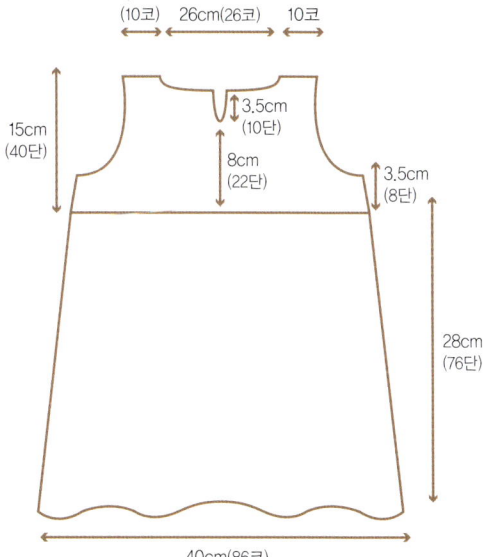

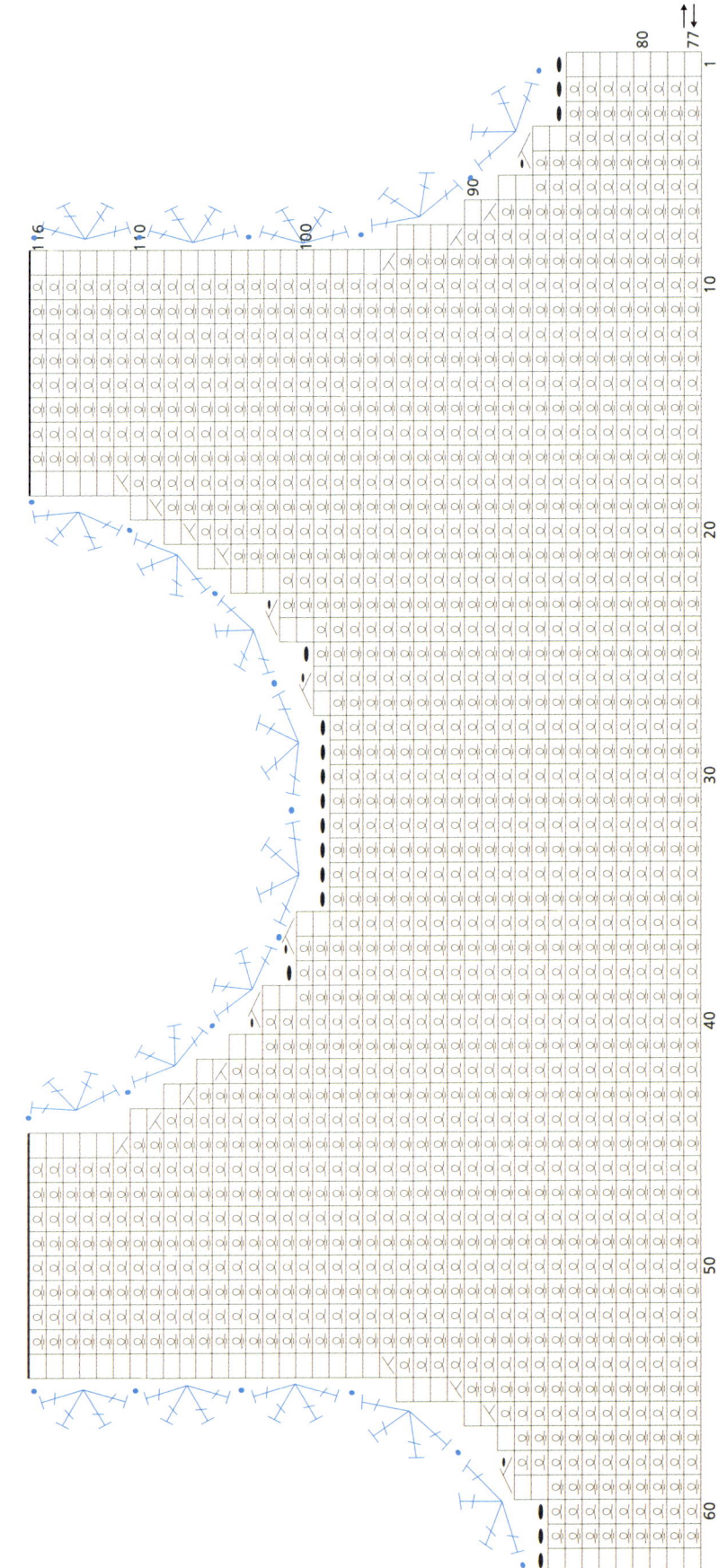

[앞판 - 삿대으로 연결]

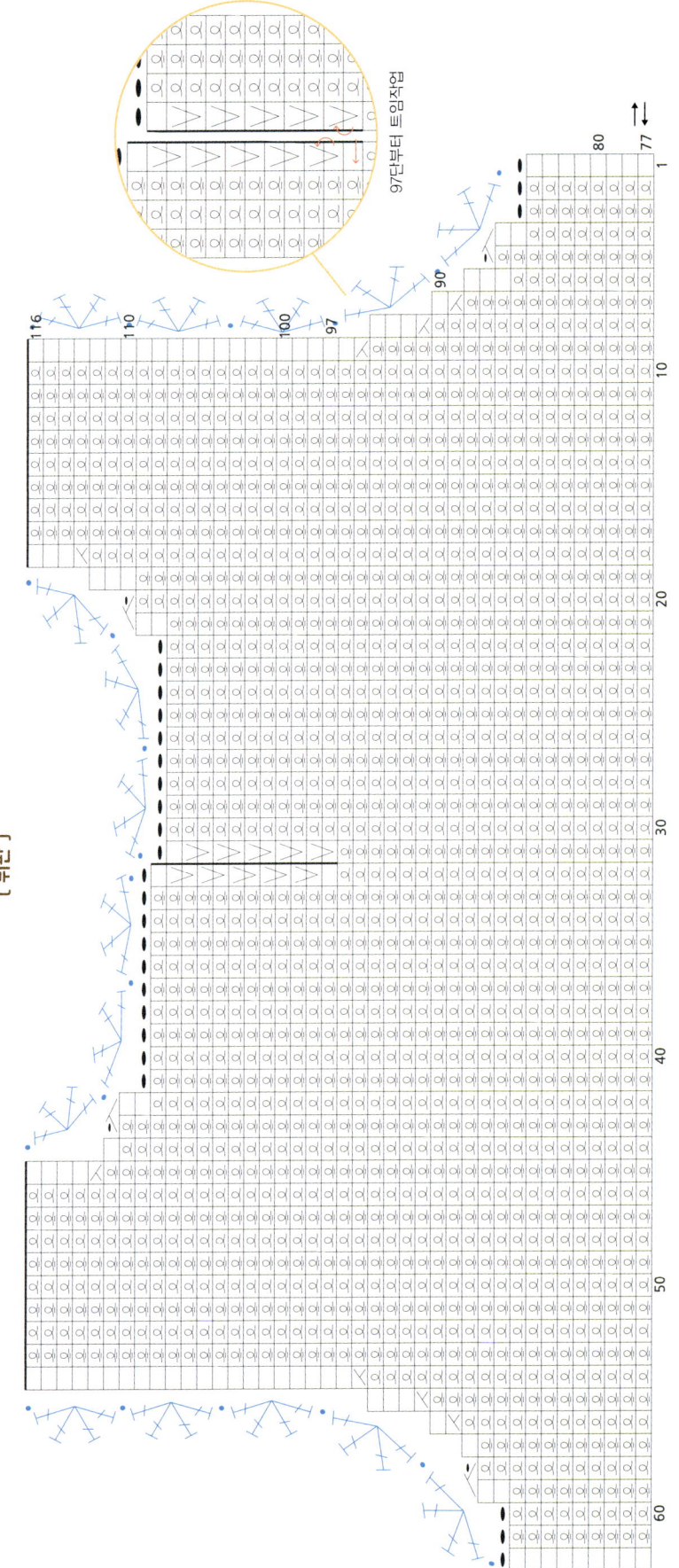

[뒤판 - 상단으로 연결]